会计基础与操作

——会计基础实务操作（第二版）

柯于珍　主　编

朱燕　陈野　副主编

中国财经出版传媒集团

图书在版编目（CIP）数据

会计基础与操作：会计基础实务操作/柯于珍主编.
—2版.—北京：经济科学出版社，2018.8（2021.7重印）

ISBN 978-7-5141-9686-3

Ⅰ.①会… Ⅱ.①柯… Ⅲ.①会计学 Ⅳ.①F230

中国版本图书馆CIP数据核字（2018）第203608号

责任编辑：凌　敏　王东萍
责任校对：郑淑艳
责任印制：李　鹏　范　艳

会计基础与操作
——会计基础实务操作（第二版）
柯于珍　主编
朱燕　陈野　副主编
经济科学出版社出版、发行　新华书店经销
社址：北京市海淀区阜成路甲28号　邮编：100142
教材分社电话：010-88191343　发行部电话：010-88191522
网址：www.esp.com.cn
电子邮箱：lingmin@esp.com.cn
天猫网店：经济科学出版社旗舰店
网址：http://jjkxcbs.tmall.com
北京密兴印刷有限公司印装
787×1092　16开　18.75印张　460000字
2018年8月第2版　2021年7月第4次印刷
ISBN 978-7-5141-9686-3　定价：52.80元
(图书出现印装问题，本社负责调换。电话：010-88191510)
(版权所有　侵权必究　举报电话：010-88191586
电子邮箱：dbts@esp.com.cn)

前言（第二版）

为了更好地推进产教融合人才培养改革，深化"引企入教"，引导企业深度参与到学校的教育教学改革中来，江西财经职业学院会计专业教学团队根据自己多年的高职会计教学经验和高职学生的特点，联合合作企业利安达会计师事务所（江西分所）、江西会管家财务管理有限公司，共同编写了本教材，共两册。

本教材是在第一版《会计基础与操作》的两册——《会计基础知识》和《会计基础实务操作》的基础上，根据2017年最新《企业会计准则》对内容进行了修订，对结构进行了调整。主要具有如下特点：

1. 注重时效性。本教材根据最新的《企业会计准则》的变化，及时对相关内容进行了更新。主要有：（1）根据（财会【2017】22号）中的《企业会计准则第14号——收入》，本教材更新了收入的确认条件，增加了收入确认计量的五步法模型内容，即识别与客户订立的合同、识别合同中的单项履约义务、确定交易价格、将交易价格分摊至各单项履约义务、履行每一单项履约义务时确认收入。（2）根据财政部《关于修订印发2018年度一般企业报表格式的通知》（财会【2018】15号）修订完善了报表格式。（3）2016年3月18日召开的国务院常务会议决定，自2016年5月1日起，中国将全面推行营改增；2018年4月4日财政部税务总局关于调整增值税税率的通知中显示，原适用17%和11%税率的，税率分别调整为16%、10%等，自2018年5月1日起执行。为避免教材的滞后性，本教材涉及的经济业务均按最新财税体制变革内容进行处理。

2. 注重连续性。在第二版《会计基础与操作》中，仍然保留了《会计基础知识》和《会计基础实务操作》两册，虽然一本侧重理论，一本侧重实务，但理论与实务水乳交融。同时，《会计基础知识》中教学实例的设计本身也是具有连续性的，以江西天华家具有限公司为载体，设计了企业2018年12月份完整的经济业务。《会计基础实务操作》中的综合实训，以小规模纳税人江西永红服装有限公司为会计主体，设计了2018年11月和12月两个月完整的经济业务，帮助参训者体验识别、判断、分析、审核原始凭证、正确编制记账、登记各种账簿、进行试算平衡并编制会计报表等完整的会计核算工作过程。

3. 注重职业性。《会计基础知识》部分根据工业企业实际会计工作流程，按"填制并审核原始凭证—填制并审核记账凭证—登记账簿并对账结账—账务处理程序—编制财务报告—归档会计档案"的顺序安排章节结构，以江西天华家具有限公司的经济业务和高度仿真的最新原始凭证为载体，突出课程"职业性"的特色。《会计基础实务操作》按照实际会计工作岗位所需的能力要求和《会计基础工作规范》的要求，对学生进行会计岗位的单项实训和综合实训，以培养学生良好的从业规范。

会计学科领域一直处于变化之中，高等职业教育的规律性也在逐渐探索中，我们希望在这本教材中体现出会计学科领域的变化和我们对高职会计教学的探索。

本教材由江西财经职业学院会计第一学院柯于珍教授担任主编。《会计基础知识》由江西财经职业学院会计第一学院万凯教授、何莹老师和利安达会计师事务所（江西分所）技术合伙人、注册会计师贺丽锦担任副主编，参加编写的有江西财经职业学院会计第一学院柯于珍老师、万凯老师、何莹老师、蒙贞老师、齐洁老师和利安达会计师事务所（江西分所）贺丽锦老师。《会计基础实务操作》由江西财经职业学院会计第一学院朱燕副教授和江西会管家财务管理有限公司注册税务师陈野老师担任副主编，参加编写的有江西财经职业学院会计第一学院柯于珍老师、朱燕老师、陈婷老师和江西会管家财务管理有限公司陈野老师。最后由柯于珍教授负责对全书进行修改和总纂。

本书编写过程中，承蒙会计界专家和同仁指教。在此谨向对本书的撰写和出版给予支持和帮助的领导和同仁致以诚挚的谢意。

本书是为高等职业教育经济管理类专业学生编写的基础性教材，是会计专业的入门教材，也可以作为在职会计人员的岗位培训教材或自学教材。

由于时间仓促，加之编者水平有限，书中难免有疏漏和不当之处，恳请各位同仁批评指正。

编　者

2018年7月

第一版前言

本教材是江西财经职业学院从事会计教学工作教师对高等职业教育教材编写所进行的一种积极尝试，分为《会计基础知识》和《会计基础实务操作》两本教材。联合国教科文组织1997年修订的《国际教育标准分类》中所界定的"高等职业教育"内涵是"课程内容是面向实际的，分具体职业的，主要目的是让学生获得从事某个职业或行业，或某类职业或行业所需的实际技能和知识，完成这一级学业的学生一般具备进入劳务市场所需的能力与资格"。这意味着高等职业教育是与普通高等教育是两种不同的教育类型，在本教材的编写中，我们力求体现出这种差异，以适应高等职业教育的需要。

会计学科领域一直处于变化之中，高等职业教育的规律性也在逐渐探索中，我们希望在本教材中体现出会计学科领域的变化和我们对高职会计教学的探索。

本教材的编写以适应高职高专人才培养目标，着力于技能教育，突出实务操作，强化重点理论内容。在教材和内容编排上，坚持理论够用，突出能力培养的目标，依据2007年1月1日实施的《企业会计准则》，充分汲取了合作企业的会计工作实践和我们自身会计教学的经验。本教材在写作过程中坚持贯彻如下原则，力求形成了自身的特点：

1. 原理阐述简明扼要，以"必须够用"为度。在编写过程中，特别注意了最新的会计处理方法与规则变化，紧密联系实际。

2. 内容与职业资格考试对接。教材内容有助于学习者将来参加会计资格证考试、助理会计师考试，注意为学习者搭建合理的会计知识结构，更侧重其实际技能的培养。

3. 会计理论与实务交融辉映。两本教材虽然一本侧重理论，一本侧重实务，但在写作过程中，我们追求理论与实务的水乳交融。理论阐述时穿插了大量的实例，以帮助学习者理解，同时为其动手操作提供范例；会计实务操作时，不仅阐述其基本做法，而且阐述会计实务操作的内在道理。

4. 突出应用型人才培养目标，本教材中列示了大量来自于企业的实际会计实务操作资料，给学习者提供一个高仿真的学习背景。

本教材由江西财经职业学院会计一系柯于珍教授担任主编，由江西财经职业学院会计一系万凯老师和江西财经职业学院会计二系李江老师担任副主编。参加《会计基础知识》编写的有江西财经职业学院会计一系柯于珍老师、万凯老师、叶俊老师、蒙贞老师、谭婧老师、丁华飞老师、齐洁老师和江西财经职业学院会计二系李江老师、贺丽锦老师。参加《会计基础实务操作》编写的有江西财经职业学院会计一系柯于珍老师、万凯老师、陈野老师。最后由柯于珍教授负责对全书进行修改和总纂。

本教材编写过程中，承蒙会计界专家和同仁指教。在此谨向对本教材的撰写和出版给予支持和帮助的领导和同仁致以诚挚的谢意。

本教材是为高等职业教育经济管理类专业学生编写的基础性教材，是会计专业的入门教材，也可以作为在职会计人员的岗位培训教材或自学教材。

由于时间仓促，加之编者水平有限，书中难免有疏漏和不当之处，恳请各位同仁批评指正。

编 者

目 录

项目一 财会书写规范 ·· 1
　　任务一　数字、金额书写规范 ··· 1
　　任务二　日期、摘要书写规范 ··· 6
　　任务三　更正书写错误方法及书写训练 ··· 7

项目二 原始凭证的填制与审核 ··· 12
　　任务一　原始凭证的填制 ··· 12
　　任务二　原始凭证的分类与整理 ·· 18
　　任务三　原始凭证的审核 ··· 36

项目三 记账凭证的填制与审核 ··· 39
　　任务一　记账凭证的填制 ··· 39
　　任务二　记账凭证的审核 ··· 62
　　任务三　会计凭证的装订 ··· 65

项目四 账簿的设置与登记 ·· 79
　　任务一　账簿的设置 ·· 79
　　任务二　明细分类账、日记账的登记 ··· 88
　　任务三　T型账的登记及科目汇总表的编制 ··· 96
　　任务四　总分类账的登记及试算平衡表的编制 ··· 100
　　任务五　对账、查账、错账更正及结账 ·· 104
　　任务六　银行余额调节表的编制 ·· 111

项目五 会计报表编制 ··· 115
　　任务一　资产负债表的编制 ··· 115
　　任务二　利润表的编制 ·· 118

项目六 综合实训 ·· 123

项目一　财会书写规范

会计书写规范是指会计人员在对企业会计事项书写时所采用的书写工具、文字或数字、书写要求、书写方法及格式等方面进行的规范。会计文字和数字书写规范是会计工作的基础工作标准，直接关系到会计工作质量的好坏和会计管理水平的高低，以及会计数据资料的准确性、及时性和完整性。

任务一　数字、金额书写规范

一、会计书写的总体要求

在财会工作中，会计书写要达到的总体要求有：书写正确、书写规范、书写清晰、书写整洁、书写美观。

1.书写正确。指对经济业务发生的过程中的数字和文字进行准确、完整的记载，它是会计书写的最基本的规范要求。

2.书写规范。指记载各项经济业务的书写必须符合财经法规和会计制度的各项规定。从记账、核算、分析，到编制财务报告，都力求书写规范，文字表述精辟，同时要严格按书写格式写。

3.书写清晰。指书写字迹清楚，容易辨认，账目条理清理，使人一目了然。

4.书写整洁。指无论凭证、账簿、报表，必须干净、清洁、整齐分明，无参差不齐及涂改现象。

5.书写美观。指除准确、规范、整洁外，还要尽量使结构安排合理，字迹流畅、大方，给人以美感。

二、阿拉伯数字的书写

在世界各国的会计记录中，通常采用的数字是阿拉伯数字，其书写规范是指要符合手写体的规范要求。流利、纯熟、有特色的阿拉伯数字是会计人员的基本功，会计上阿拉伯数字的书写要符合一些特殊的规范。

（一）阿拉伯数字书写规范要求

1.每个数字要大小匀称，笔画流畅；每个数码独立有形，不能连笔书写。

2.书写排列有序且字体要自右上方向左下方倾斜地写，(数字与底线通常成60度的倾斜)。

3.书写的每个数字要贴紧底线，但上不可顶格。一般每个格内数字占1/2或2/3的位置，要为更正数字留有余地。

4.会计数码书写时，应从左至右，笔划顺序是自上而下，先左后右，防止写倒笔字。

5.同行的相邻数字之间要空出半个阿拉伯数字的位置,但也不可预留间隔(以不能增加数字为好)。

6.除"4"、"5"以外数字,必须一笔写成,不能人为地增加数字的笔划。

7."6"字要比一般数字向右上方长出1/4,"7"和"9"字要向左下方(过底线)长出1/4。

8.对于易混淆且笔顺相近的数字,在书写时,尽可能地按标准字体书写,区分笔顺,避免混同,以防涂改。例如:"1"不可写得过短,要保持倾斜度,将格子占满,这样可防止改写为"4"、"6"、"7"、"9";书写"6"时要顶满格子,下圆要明显,以防止改写为"8";"7"、"9"两字的落笔可延伸到底线下面;"6"、"8"、"9"、"0"的圆必须封口。

(二)阿拉伯数字书写的笔锋走势

阿拉伯数字由1、2、3、4、5、6、7、8、9、0十个数字组成。在会计工作中,这十个数字的书写与其他方面的写法不同,已形成一定的规格,其书写笔锋走势具体的要求如下表所示:

1."1"起笔在字中心的右上方,且起收笔要一样重,切忌上重下轻,起笔后往下撇 如"1",这是"1"区别"4""7""9"的笔锋走势特点。

2."2"起笔在字中心上方,收笔在字中心右下方,左下方转笔时要带一扁圈,不能写成"2"或"2",这样写法是避免"2"改"3"。

3."3"起笔在字中心上方偏右些,收笔在字中心左下方,且笔锋往回顿提一下,不要往左下撇,写成"3"避免改成"8"。

4."4"4有两笔,第一笔起笔在字中心上方然后折向右方。第二笔起笔在字中心的左上方,倾斜撇向左下方,这是区别"1"改写成"4"的显著特征。

5."5"5有两笔,第一笔起笔在字中心上方偏右一点。收笔在字中心左下角且笔锋往回顿提一下,与"3"收笔方法一样,第二笔写法如常。

6."6"6起笔比其他字要冒出头一些,起笔应该在字中心的右上方。

7."7"起笔在字中心上下折往左下方撇并出格一点,右折角折成锐角。

8."8"起笔在字中心右上方,收笔也起笔在字中心的右上方。不可写成"8"或将两个"0"合起来。

9."9"起笔在字中心偏右,收笔与"7"相同,在左下方出格一些。

10."0"起笔在字中心的右上方,收笔也在字中心右上方,蛋形圈偏右下。

(三)阿拉伯数字书写举例

阿拉伯数字的写法,过去只有印刷体是统一字型的,手写体是根据人们的习惯和爱好去写,没有统一的标准字体。近年来随着经济发展,金融、商业等部门逐步采用一种适合商业、金融记数和计算工作需要的阿拉伯数字手写体,其标准书写字体如下图所示。

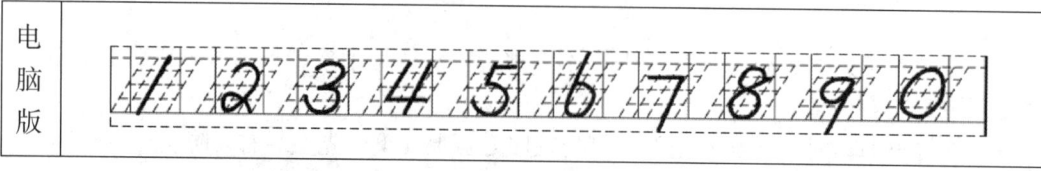

手写版	仟 百 十 万 仟 百 十 元 角 分 仟 百 十 万 仟 百 十 元 角 分
	1 2 3 4 5 6 7 8 9 0 1 2 3 4 5 6 7 8 9 0

三、中文汉字大写数字的书写规范

（一）汉字大写数字书写规范要求

1. 正确书写大写金额数字壹贰叁肆伍陆柒捌玖拾，不能用一、二、三、四、五、六、七、八、九、十等文字代替大写金额数字。

2. 大写数字不能乱用简化字，不能写错别字。如"佰"和"仟"前面要有单人旁"亻"，"叁"不可用"三"代替；零"不能用"另"代替，"角"不能用"毛"代替等。

（二）汉字大写数字书写举例

零壹贰叁肆伍陆柒捌玖元拾佰仟万整

四、大小写金额的书写规范

（一）小写金额书写规范要求

1. 没有位数分割线的凭证、账、表上的标准写法：

（1）阿拉伯金额数字前面应当书写货币币种符号或者货币名称简写，币种符号和阿拉伯数字之间不得留有空白。凡阿拉伯数字前写出币种符号的，数字后面不再写货币单位。（注意：在实际工作中，原始凭证、记账凭证合计栏，小写金额前需要写"￥"，但在记账凭证非合计栏、登记账簿（含T型账）、科目汇总表时，一般不写"￥"）

（2）以元为单位的阿拉伯数字，除表示单价等情况外，一律写到角分；没有角分的角位和分位可写出"00"或者"—"；有角无分的，分位应当写出"0"，不得用"—"代替。

（3）只有分位金额的，在元和角位上各写一个"0"字并在元与角之间点一个小数点，如"0.06"。

（4）阿拉伯金额数字中角分位书写时，应写在整数后面的右上角，且小数字体要小于前面的整数，如人民币贰佰元零壹角整不能写成200.1而必须写成200.[10] 其作用和意义主要是减少大小数位的差错，避免将小数看成整数。

（5）阿拉伯金额数字书写时位数要对齐，元以上每三位要空出半个阿拉伯数字的位置书写，如：5 647 108.92。也可以三位一节用"分位号"分开，如：6,647,108.[92]。

例：小写金额在没有位数分割线的凭证、账、表上的书写范例

科目汇总表

账户名称	本期发生额	
	借方	贷方
	2009年12月1日至31日	科汇0912#
库存现金	17 191.00	17 619.00
银行存款	911 710.00	821 153.00
应收票据	105 300.00	
应收账款	52 650.00	350 000.00
预付账款		29 952.00
其他应收款	6 371.15	2 614.00
原材料	236 416.67	439 589.90

2．有数位分割线的凭证、账、表上标准写法：

（1）在印有数位线的凭证、账簿、报表上，每一格只写一个数码字，不得几个数码字挤在一个格子里，也不得在数码字中间留有空格，也不得连笔书写，书写紧贴底线书写高度占全格的1/2为宜。

（2）在有数位线的凭证和账表上书写数字，应对应固定的数位填写，不得错位。

（3）只有分位金额的，在元和角位上均不得写"0"字；只有角位和分位金额的，在元位上也不得写"0"字；

（4）分位是"0"的，在分位必须写"0"，角、分位都是"0"的在角、分位各写一个"0"字，不得用"—"代替。

（5）如果数位栏无金额，应该以"0"补位。如有角无分，则应在分位上补写"0"，有分无角，则应在角位上补写"0"。

例：小写金额在有位数分割线的凭证、账、表上的书写范例

千	百	十	万	千	百	十	元	角	分
				1	3	2	0	0	0
					4	7	3	4	0
							5	0	6

（二）大写金额书写规范要求

1．大写金额前要冠以"人民币"字样，"人民币"三字与金额首位数字之间不留空位，数字之间更不能留空位，写数与读数顺序要一致。

2. 规范"整"字在中文大写金额的运用。

（1）中文大写金额到"元"为止的，应当写"整"或"正"字，如￥560.00应写成"人民币伍佰陆拾元整"。

（2）中文大写金额到"角"为止的，可以在"角"之后写"整"或"正"字也可以不写，如￥4 254.80应写成"人民币肆仟贰佰伍拾肆元捌角整"或者"人民币肆仟贰佰伍拾肆元捌角"。

（3）中文大写金额到"分"位的，不写"整"或"正"字，如￥9 324.78应写成"人民币玖仟叁佰贰拾肆元柒角捌分"。

3. 规范"零"字在中文大写金额的运用。

（1）中文数字中间有"0"时，中文大写金额也要写"零"字，如￥4 301.25应写成"人民币肆仟叁佰零壹元贰角伍分"。

（2）中文数字中间连续有几个"0"时，大写数字只写一个"零"字，如￥3 008.14应写成"人民币叁仟零捌元壹角肆分"。

（3）中文数字角位是"0"，而分位不是"0"时，中文大写金额元后面应写"零"字，如￥436.04应写成"人民币肆佰叁拾陆元零肆分"；又如￥80 307.05应写成"人民币捌万零叁佰零柒元零伍分"。

（4）中文数字万位或元位是"0"，或者数字中间连续有几个"0"，万位、元位也是"0"，但千位、角位不是"0"时，中文大写金额中可以只写一个"零"字，也可以不写"零"字。如￥5 200.27应写成"人民币伍仟贰佰元零贰角柒分"，也可以写成"人民币伍仟贰佰元贰角柒分"；又如￥206 000.53应写成"人民币贰拾万陆仟元零伍角叁分"，也可以写成"人民币贰拾万零陆仟元伍角叁分"，还可以写成"人民币贰拾万陆仟元伍角叁分"；再如￥9 000 010.29应写成"人民币玖佰万零壹拾元零贰角玖分"，也可以写成"人民币玖佰万零壹拾元贰角玖分"。

4. 规范"壹"字在中文大写金额的运用。

当阿拉伯金额数字最高位是"1"时，汉字大写金额前面必须写上"壹"字。如￥16.74应写成"人民币壹拾陆元柒角肆分"；又如￥100 000.00应写成"人民币壹拾万元整"。

5. 无数位分割线的凭证上标准写法。

大写金额前要冠以"人民币"字样，"人民币"三字与金额首位数字之间不留空位，数字之间更不能留空位，写数与读数顺序要一致，金额到元为止一定加整字，到角为止可加可不加，到分为止一定不能加整字。

例：大写金额在无位数分割线的凭证上的书写范例

￥869.00

人民币（大写）捌佰陆拾玖元整

6. 有数位分割线的凭证上标准写法。

在印有大写金额万、仟、佰、拾、元、角、分位置的凭证上书写大写金额时，金额前面如有空位，可划⊗注销，阿拉伯数字中间有几个"0"（含分位），汉字大写金额就可以写几个零。

例：大写金额在有位数分割线的凭证上的书写范例

￥8 690.00

合计人民币（大写）⊗拾⊗万 捌仟 陆佰 玖拾 零元 零角 零分

任务二　日期、摘要书写规范

一、票据日期的书写

（一）票据日期的书写规范要求

在会计工作中，经常要填写支票、汇票和本票，根据《支付结算办法》的规定，票据的出票日期必须使用中文大写这些票据的出票日期必须使用中文大写。为了防止变造票据的出票日期，在填写月时，月为壹、贰和壹拾的，应在其前面加"零"。日为壹至玖和壹拾、贰拾、叁拾的，应在其前面加"零"；日为拾壹至拾玖的，应在其前面加"壹"。如1月12日，应写成"零壹月壹拾贰日"；10月30日，应写成"零壹拾月零叁拾日"；2019年4月9日，应写成"贰零壹玖年肆月零玖日"。

（二）票据日期的书写举例

例1：2019年1月8日，应写成"贰零壹玖年零壹月零捌日"。

例2：2019年2月20日，应写成"贰零壹玖年零贰月零贰拾日"。

例3：2019年10月30日，应写成"贰零壹玖年零壹拾月零叁拾日"。

二、会计摘要书写规范要求

会计凭证中有关经济业务的内容摘要必须真实。在填写"摘要"时，既要简明，又要全面、清楚，应以说明问题为主。写物要有品名、数量、单价；写事要有过程；银行结算凭证，要注明支票号码、去向；送存款项，要注明现金、支票、汇票等。遇有冲转业务，不应只写冲转，应写明冲转某年、某月、某日、某项经济业务和凭证号码，也不能只写对方账户。要求"摘要"能够正确地、完整地反映经济活动和资金变化的来龙去脉，切忌含糊不清，其具体书写要求如下：

（一）简明扼要、描述清楚

有些会计人员单纯追求"简单"，但却不明了。如收、付款凭证，只写"收款"、"付款"二字。转账凭证，只写"转成本"、"调整科目"等。其实只要稍微多加几个字，其意义就会很清楚，对收付款业务，摘要应写明收付款的性质，即写明收什么款，付什么款，如写成"收鸿运公司销货款"、"付包装物押金"、"付购料款"等。对于转账业务，应写明转账内容，如写"结转材料差异"、"转入库材料成本"、"转出库材料成本"、"转产品销售成本"、"收入转本年利润"、"购料款未付"等。

（二）字迹清楚，语法通顺

书写摘要时文字少而精，要求说明主要问题，书写字体占限格的1/2为宜，字迹与文字书写要求相同，工整、清晰、规范。

（三）内容要与附件相符，但不能照抄

在实际工作中，书写摘要时应该以凭证附件为依据，因为只有附件能真正表明业务的发生及完成情况。会计人员应根据附件的内容总结业务的性质，概括其业务内容来书写摘要，但切忌照抄原始凭证。

（四）摘要中需要反映必要的数字

1.需要注明时间的摘要。交纳某月水费、电费、电话费、各项保险金、个人所得税等；提取职工困难补助等；提取职工福利费、职工教育费、工会经费等。在摘要中务必注明经济业务所属的时间。不仅有效防止发生漏记、重记的可能，而且便于单位间的账务查询。

2.需要注明人数的摘要。对发放职工生活补贴、困难补助、发放临时工工资等，在摘要中要注明人次。以便为办公室、人事部门统计相关数据，编制报表所用。无须去检查每张记账凭证后所附原始凭证，费时费力。

3.需要注明数量的摘要。需要购置的办公设备、生产设备数量很大，需要报废的陈旧固定资产也很多。虽然固定资产账中反映资产的数量，但为了便于同固定资产管理部门随时的"动态"对账，在摘要中要注明资产的数量。

（五）冲账凭证摘要的书写规范

对记账后的记账凭证，发现错误，用红字冲销原错误凭证时的摘要为"注销某月某日某号凭证"，同时，用蓝字编写正确的记账凭证时摘要为"订正某月某日某号凭证"。对只有金额错误的会计分录，在编制调整数字差额凭证时摘要为"调整某月某日某号凭证"。如果所修改的是往年的错误凭证，那么，在"某月某日"前务必加上"某年"字样。在此说明一点，在注销、订正或调整某张错误凭证的同时，应在被修改的记账凭证摘要的下面手工注明"该凭证在某月某日某号凭证已更正"的标记，表示该凭证已被修改完毕。

总之，会计工作在讲究宏观控制的同时，也要重视微观管理，会计摘要的编写虽然只是整个会计工作中的一个小小环节，但是它却在会计工作向着更加科学化、规范化管理的进程中发挥着极其重要的作用，作为会计人员我们应努力提高自己对会计业务事项的表达和概括能力，力求使摘要的书写标准化、规范化。

任务三 更正书写错误方法及书写训练

一、更正书写错误的方法

在填写单据、登记账簿时，必须用碳素笔和钢笔（黑色签字笔）认真书写，不得使用圆珠笔或铅笔，但在填写一式几联需复写的单据时则要使用圆珠笔，在书写时，要专心细致，防止发生书写的错误。如果不慎发生书写错误，应按正确的方法进行更正，不得随意

涂改、刮擦、挖补，更不能用药水消字。

对于会计凭证、账簿记录中所发生的错误应视不同情况按照规定的方法加以更正。

1. 在原始凭证中若出现书写错误。

（1）在填制原始凭证中若出现金额书写错误不能进行更正，需要重新填写。

（2）收据、支票等重要的原始凭证由于书写错误不能毁掉，而是在其上注明"误填作废"字样，并保存好，以便备查。

2. 在记账凭证中若出现书写错误。

（1）如果是尚未记账，应当重新填制；

（2）如果已经记账，但尚未进行年度结账时，可以用红字填写一张与原内容相同的记账凭证，同时再用蓝字重新填制一张正确的记账凭证，不能撕掉重填；

（3）如果会计科目没有错误，只是金额错误，也可以将正确数字与错误数字之间的差额，另编制一张调整的记账凭证，调增金额用蓝字，调减金额用红字；

（4）如果已经进行了年度结账，即以前年度记账凭证有错误的，应当用蓝字填制一张更正的记账凭证。

3. 在结账前发现账簿记录有文字或数字错误，而记账凭证没有错误。

（1）可以采用划线更正方法。更正时，先在错误的文字或数字上划一条红线，将其全部注销，然后，在错误文字或数字上方的空白处，用蓝色或黑色墨水笔填写上正确数字，予以更正。并由经手人在更正处盖章，以明确责任。

（2）需要注意的是，在划红线注销时，要把错误数字全部划去，不可只划去其中一部分，划销的部分要保持原有数字清晰可辨，以便审查和明确责任。

（3）划线更正方法操作示范举例

二、财会书写训练

（一）将下面小写金额用大写金额表示

1. ￥28 703.49　　　应写成_____
2. ￥160 000.00　　　应写成_____

3. ￥580.20   应写成_____
4. ￥300 007.10   应写成_____
5. ￥60 184.09   应写成_____
6. ￥109 080.85   应写成_____
7. ￥206 054.03   应写成_____
8. ￥80 001.20   应写成_____
9. ￥76 543 000.00 应写成_____
10. ￥96 274.58   应写成_____

（二）将下面大写金额用小写金额表示

1. 人民币贰拾柒元伍角肆分   应写成_____
2. 人民币伍仟贰佰万零陆仟玖佰柒拾捌元整   应写成_____
3. 人民币叁仟万零贰拾元整   应写成_____
4. 人民币壹拾玖万零贰拾叁元整   应写成_____
5. 人民币玖角捌分   应写成_____
6. 人民币柒万肆仟伍佰零贰元捌角陆分   应写成_____
7. 人民币玖仟叁佰元零伍角整   应写成_____
8. 人民币贰拾肆万零捌佰零壹元零玖分   应写成_____
9. 人民币壹拾万元整   应写成_____
10. 人民币陆佰万元零柒分   应写成_____

（三）照例正确填写各行空缺的金额数字

会计凭证、账表上的小写金额栏									会计凭证上的大写金额栏
没有数位分割线	有数位分割线								没有数位分割线金额大写
	十	万	千	百	十	元	角	分	
￥186.50				1	8	6	5	0	人民币壹佰捌拾陆元伍角整
￥68 725.42									
￥910.00									
￥5 556.10									
￥45.70									
￥1 111.55									
￥700.01									
￥30 030.80									
￥800.91									
￥10.16									

续表

会计凭证、账表上的小写金额栏									会计凭证上的大写金额栏
没有数位分割线	有数位分割线								没有数位分割线金额大写
	十万	万	千	百	十	元	角	分	
¥70 000.10									
		8	2	2	1	5	9	7	
		9	0	0	0	4	7		
					1	7	4		
		8	0	3	5	7	0	8	
	8	6	0	1	0	4	0	0	
						4	8	1	
		9	8	0	1	0	0	0	
		3	2	0	1	4	0	7	
		4	6	2	0	9	2	2	
	5	0	1	8	0	6	6	0	
				9	0	0	7	0	
									人民币陆仟叁佰元零伍分
									人民币贰佰伍拾肆元伍角
									人民币陆万零捌佰元整
									人民币贰万零肆佰元整
									人民币叁拾万元零壹分
									人民币壹仟壹佰零陆元零肆分
									人民币贰角整
									人民币柒万贰仟零壹拾陆元零贰分
									人民币壹佰元整
									人民币陆仟零陆元捌角叁分

（四）出票日期大写书写练习

1. 某支票填制日期为2019年12月5日请写出其大写的出票日期。

出票日期大写：_____

2.某银行承兑汇票填制日期为2019年1月1日请写出其大写的出票日期。

出票日期大写:_____

3.某托收承付票据填制日期为2019年10月11日请写出其大写的出票日期。

出票日期大写:_____

(五)摘要书写练习

1.李强用现金购买办公用品400元。

摘要为:_____

2.开出转账支票一张,支付九江兴华有限公司的材料款117 000元。

摘要为:_____

3.陈琳出差回来,报报销差旅费1 850元,退回现金150元。

摘要为:_____

项目二 原始凭证的填制与审核

任务一 原始凭证的填制

原始凭证又称单据,是在经济业务发生或完成时取得或填制的,用以记录或证明经济业务的发生或完成情况的文字凭据。它不仅能用来记录经济业务发生或完成情况,还可以明确经济责任,是进行会计核算工作的原始资料和重要依据,是会计资料中最具有法律效力的一种文件。

一、原始凭证的填制实训资料

(一)企业背景资料

1. 企业名称:江西天华家具有限公司
2. 法人代表:张天华
3. 性　　质:股份有限公司,增值税一般纳税人
4. 纳税人识别号:91360420148510012N
5. 地　址、电　话:九江市思贤中路158号 0792-8185467
6. 开户行及账号:中国工商银行九江思贤支行15285005481201230126
7. 会　　计:田野,出纳:李美玲

(二)2019年1月份发生如下经济业务

1. 1月1日,出纳员李美玲将多余库存现金3 500元送存银行,填写现金存款单一张(面额100元30张、面额50元10张)。要求:填写现金存款凭证。

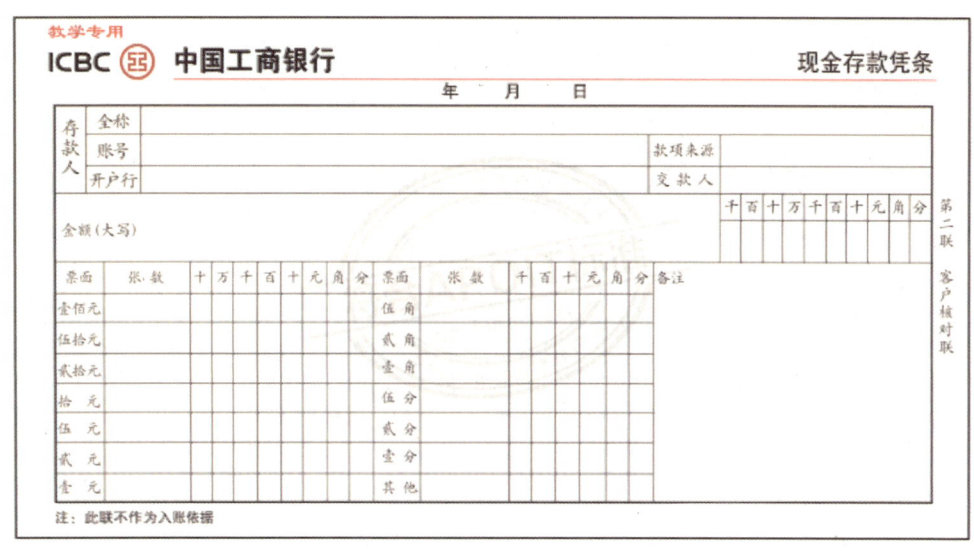

2. 1月2日，从银行提取现金10 000元备用，签发现金支票一张。要求：填写现金支票。

3. 1月3日，签发转账支票一张，支付从江西信阳商贸有限公司购入密度板材料款168 500元。要求：填写转账支票、进账单。

4. 1月5日，销售人员李胜去南昌开展销会，预借2 000元款项，领导同意借支。要求：填写借款单。（借款人：李胜，会计：田野，出纳：李美玲）

借 款 单

资金性质：＿＿＿＿＿　　　　　　　　　　　　　　　　　　　年　　月　　日

借款部门	
借款理由	
借款金额	人民币（大写）　　　　　　　　　　　　　　　¥：＿＿＿＿＿
本单位负责人意见	借款人（签章）
领导批示：	会计主管人员核批：　　付款记录： 　　　　　　　　　　　　　　年 月 日以第　号 　　　　　　　　　　　　　　支票或现金支出凭单付给

（现金付讫）

5. 1月8日，从江西信阳商贸有限公司购进的密度板，取的增值税专用发票，发票注明，密度板500张，不含税单价每张210元，金额105 000元，增值税16 800元，货款已通过银行支付，现办理材料验收入库手续，材料存放一号仓库，入库日期1月8日。要求：填写收料单。（仓库主管：宋燕，制单人：郭小达，经办人：何凯，会计：田野）

江西天华家具有限公司材料入库单

年　　月　　日　　　　　　　　　　No 1901001

交来单位及部门		验收仓库		入库日期		
编号	存货名称及规格	单位	数　量		实际价格	
			应收	实收	单价	金额
	合　计					

会计：　　　　　仓库主管：　　　　　经办人：　　　　　制单人：

第三联　财务联

6. 1月10日，销售人员李胜赴南昌开会归来，报销差旅费1 850元，退回现金150元，本次出差时间为1月5日上午8：00至1月10日下午3：00，地点为九江至南昌、交通方式为火车，44元/趟共2趟，其他公交费用68元，住宿为200元/天共5天，其他伙食费（餐费）694元；票据共9张。原已借支2 000元差旅费。要求填写差旅费报销单、收据。

差旅费报销单

年　月　日　　　　　单据及附件共　　张

姓名		所属部门		出差事由			
出发	到达	起止地点		交通费	住宿费	伙食费	其他
月　日	月　日						
小　　计							
合　　计		人民币（大写）				￥	
预支差旅费	￥:	退回金额	￥:	补付金额		￥:	

总经理：　　　　会计：　　　　出纳：　　　　部门经理：　　　　报销人：

收 款 收 据

入账时间　　年　月　日　　　№ 023203

交款单位 _____　收款方式：_____　　②财务记账联

人民币（大写）_____　￥_____

收款事由 _____

收款单位（盖章有效）

财务_____　经手人_____

年　月　日

7. 1月12日，生产车间生产办公椅领用密度板300张，单位成本为210元，金额63 000元要求：填写领料单。（会计：田野，领料部门负责人：李强，发料人：宋燕，领料人：陈宏）

江西天华家具有限公司领料单

年　　月　　日　　　　No 1901001

领料部门		领料用途			领料日期	
编号	存货名称及规格	单位	数量		实际价格	
			请领	实发	单价	金额
	合计					

会计：　　　　领料部门负责人：　　　　发料人：　　　　领料人：

第三联　财务联

8. 1月16日，向一般纳税人江西南翔百货有限公司销售办公桌200张，每张不含税单价190元，增值税税率16%，开出增值税专用发票。要求：开具增值税专用发票一份。（开票资料：单位名称：江西南翔百货有限公司，纳税人识别号：91360125164822471N，地址、电话：南昌市经开区枫林大道52号 0791-8830254，开户行及账号：中国建设银行昌北经开区支行 36001124574125632015）

江西增值税专用发票

3600184130　　　　　　　　　　　　　　No 21540101　　3600184130
校验码 12410 66218 35412 35124　　此联不作报销、扣款凭证使用　　开票日期：　年　月　日　　21540101

购买方	名　称：				密码区	5*16<98*->532*-536//32<65<*32+6//62<65<*1 54+325-616<74>29312-8-35><56>>92+389-65<7 1-055-456<78>25613-8-53><20>+542+365-73<5 36<764>534//33-8-895><126>>37592+147-41<4		
	纳税人识别号：							
	地址、电话：							
	开户行及账号：							
货物或应税劳务、服务名称	规格型号	单位	数量	单价	金额		税率	税额
合　计								
价税合计（大写）					（小写）			
销售方	名　称：江西天华家具有限公司				备注			
	纳税人识别号：91360420148510012N							
	地址、电话：九江市思贤中路158号 0792-8185467							
	开户行及账号：中国工商银行九江思贤支行 15285005481201230126							

收款人：　　　　复核：田野　　　　开票人：李美玲　　　　销售单位：（章）

第一联：记账联 销售方记账凭证

9. 1月16日，向小规模纳税人贵溪汉通贸易有限公司销售办公椅200把，每把不含税单价80元，增值税税率16%，开出增值税普通发票。要求：开具增值税普通发票一份。（开票资料：单位名称：贵溪汉通贸易有限公司，纳税人识别号：91360622133909874N，地址、电话：贵溪市经开区灯谷大道21号 0701-3790987，开户行及账号：中国建设银行贵

溪经开区支行 36006109871908723212）

```
036001800104                江西增值税普通发票      No 11059623        036001800104
                                                                      11059623
校验码 23433 77908 34225 09867                     开票日期：   年  月  日
```

购买方	名称：
	纳税人识别号：
	地址、电话：
	开户行及账号：

密码区：1*16<98*->532*-536//32<65<*32+6//62<65<*392
+325-616<74>29312-8-35><56>>92+389-65<8
2-055-456<78>25613-8-53><20>+542+365-73<6
18<764>534//33-8-895><126>>37592+147-41<3

货物或应税劳务、服务名称	规格型号	单位	数量	单价	金额	税率	税额
合 计							
价税合计（大写）					（小写）		

销售方	名称：	江西天华家具有限公司	备注
	纳税人识别号：	91360420148510012N	
	地址、电话：	九江市思贤中路158号 0792-8185467	
	开户行及账号：	中国工商银行九江思贤支行 15285005481201230126	

收款人： 复核：田野 开票人：李美玲 销售单位：（章）

10. 1月26日，根据JXTHJJ-0121工作令号，生产的产品完工并交成品仓库，办公桌入库1 000张，办公椅入库1 000把。要求：填写产品入库单。(交货人：李强，会计：田野，仓管：宋燕，签收人：宋燕)

江西天华家具有限公司产品入库单

验收部门： 　　　　　　年　　月　　日　　　№01812001

产品名称	单位	交库数量	实收数量	单位成本	总成本	备 注
合　计						

交货人：　　　　　会计：　　　　　仓管：　　　　　签收人：

二、原始凭证的填制实训要求

请根据上述江西天华家具有限公司2019年1月份发生的经济业务，按要求填制的原始凭证。

任务二 原始凭证的分类与整理

在实际会计工作中,原始凭证的种类繁多,由于其来源不同、格式不同、反映经济业务的内容不同,为了正确的记录经济业务,编制记账凭证,会计人员首先就要应对原始凭证进行分类整理。在实际工作中,会计人员通常按照经济业务发生的时间先后顺序和原始凭证所反映的经济业务的内容进行分类。

一、原始凭证的分类

（一）按经济业务类型分类

1. 与银行收付业务相关的原始凭证,如：转账支票、进账单,银行收款业务回单,银行付款业务回单等

2. 与现金收付业务相关的原始凭证,如：费用报销单,增值税专用（普通）发票发票联,收款收据（记账联）等

3. 与采购业务相关的原始凭证,如：增值税专用（普通）发票发票联,收料单,入库单等

4. 与销售业务相关的原始凭证,如：增值税专用（普通）发票记账联,销售单,出库单等

5. 与成本核算业务相关的原始凭证,如：领料单,发料汇总表,工资计提表,制造费用分配表,完工产品成本计算表等

6. 与计提结转其他业务相关的原始凭证,如：增值税计提结转表、附加税计提、当期损益结转表等

（二）按票据来源岗位分类（以工业企业为例）

1. 来源出纳传递的单据。

票据来源	票据种类
出纳传递	与银行收付业务相关的原始凭证
	与现金收付业务相关的原始凭证

2. 来源会计收集的单据。

票据来源	票据种类
会计收集	与销售业务有关的增值税专用（普通）发票的记账联
	与采购业务有关的购货增值税专用发票的发票联、抵扣联

3.来源仓库车间传递的单据。

票据来源	票据种类
仓库车间传递	与采购业务办理验收有关的入库单（收料单）
	与生产有关的领料单、完工产品入库单
	与销售业务结转销售成本有关的出库单

4.来源会计自制计提结转的单据。

票据来源	票据种类
会计自制计提与结转	与计提结转增值税、附加税相关的原始凭证
	与成本计算有关的固定资产折旧计提表、工资结算计提分配表、制造费用分配表，另需根据仓库传递的领料单编制发料汇总表、出库单编制结转销售产品成本计算表
	与结转当期损益有关的损益计算表
	与计提结转所得税有关的所得税计提表
	年末，还需编制利润分配结转、计提相关业务的自制表格
备注	在实际工作中一般在大中型企业，会计业务多的单位，每天都需要进行账务处理的单位才会这样分类。如果在小微企业，会计业务不多的单位，一般会采取以兼职会计身份按业务类型分类，集中进行账务处理

二、原始凭证的整理

原始凭证的整理主要是对记账凭证所附的原始凭证进行整理，又称记账凭证附件整理。在实际工作中，企业取得的原始凭证往往大小不同，形状各异，因此，需要按照记账凭证的大小进行折叠和粘贴。本教材仅以"角订法"为例，介绍原始凭证的整理要求与方法。

（一）原始凭证的整理基本要求

1.采用"角订法"装订记账凭证时，其附件即原始凭证在整理时，首先要以左上角为标准进行对齐，可以先用大头针或回形针固定，待到装订时再把大头针或回形针取下。

2.对于面积较小，易散或易丢失的原始凭证，则需要按报销凭证票据粘贴有关规定事先整理好，然后附在记账凭证后面。

3.对于面积较大，过宽过长的原始凭证，应按"左上对齐、齐左折右、齐上折下、大小一致"的要求进行纵向和横向的折叠。折叠后的附件面积要与记账凭证面积一样大，同时还要便于翻阅。

4.为了不损坏装订机，及后期保管不出现钉生锈而影响原件的查看，原始凭证不得简单地用订书针钉在记账凭证后面。

5.原始凭证一般按"大票面顺上，大票托小票，小票背靠背（附粘单），大票需折叠，粘贴要牢固，分布要均匀"的要求进行整理。

（二）原始凭证整理与粘贴具体方法

1.报销票据类原始凭证。

报销票据类原始凭证因为涉及的凭证种类繁多，进行凭证的整理和粘贴相对复杂，因此，需要事先进行整理，并采用报销单据粘贴单进行粘贴。

（1）报销票据类原始凭证的整理。

第一步：首先要对准备报销的票据按业务内容及面积大小进行分类，分为需附报销单据粘贴单的票据和不需附报销单据粘贴单的票据。

第二步：对于票据面积较小的凭证，需要粘贴于报销单据粘贴单上，并保证所有票据正面均应与报销单据粘贴单正面一致，不得简单的拿订书针、大头针、回形针固定。票据粘贴完毕，需将凭证张数、合计金额填写在报销单据粘贴单相应位置。

第三步：票据粘贴应以对齐粘贴单底边边沿，并以不超过票据粘贴截止线为限，按"鱼鳞"形状排列整齐为标准；以不超过粘贴单大小平面面积为范围；以关键信息如单位名称、金额不被粘贴遮盖，方便审核工作，检查核对票据为要求；以平铺，整齐，牢固，美观为规范等具体要求来做好票据粘贴工作。

第四步：若票据数量很多，按上面要求一张报销单据粘贴单无法将该批发票都粘贴下，则应再取一张空白的报销单据粘贴单将剩余的发票粘贴上去，以此类推直至将所有需要报销的发票都粘贴完毕，最后将各个报销单据粘贴单整齐地粘贴在一起。

第五步：若票据面积较大的凭证，不需要粘贴于报销单据粘贴单上，只需按票据正面与费用报销单正面一致的方向，把凭证的左边上边进行对齐即可，如果报销票据面积较大并超过费用报销单的面积，需要把报销票据按费用报销单面积大小进行分张折叠。

（2）报销票据类原始凭证的具体粘贴方法。

第一步：将符合报销规定的所有原始票据归集在一起，以免遗漏（如图2-1所示）。

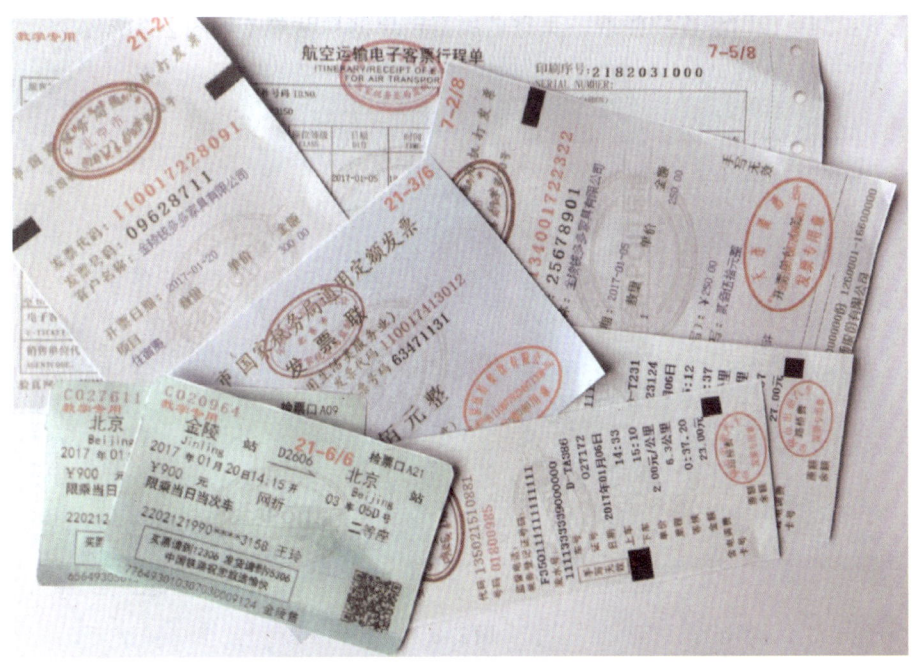

图2-1

第二步：将所有报销票据首先按其所反映的经济内容及类别进行分类，如火车票、餐饮票、的士票等；然后再将同类票据按票面金额的大小进行分类（如图2-2所示）。

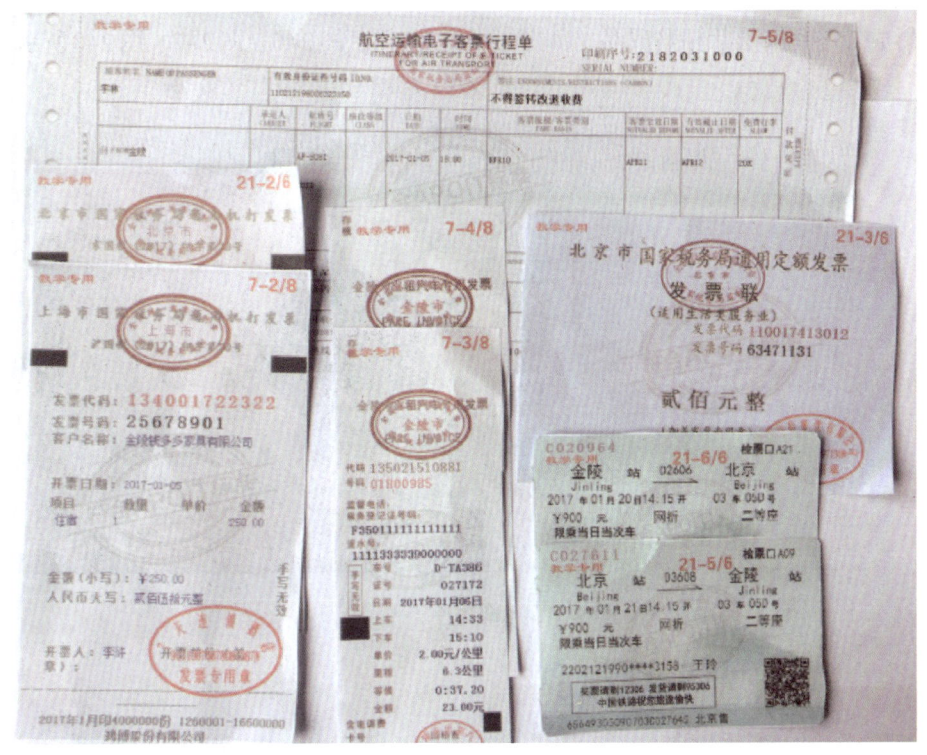

图2-2

第三步：到单位财务部门领取一张空白的报销单据粘贴单（如图2-3所示）。

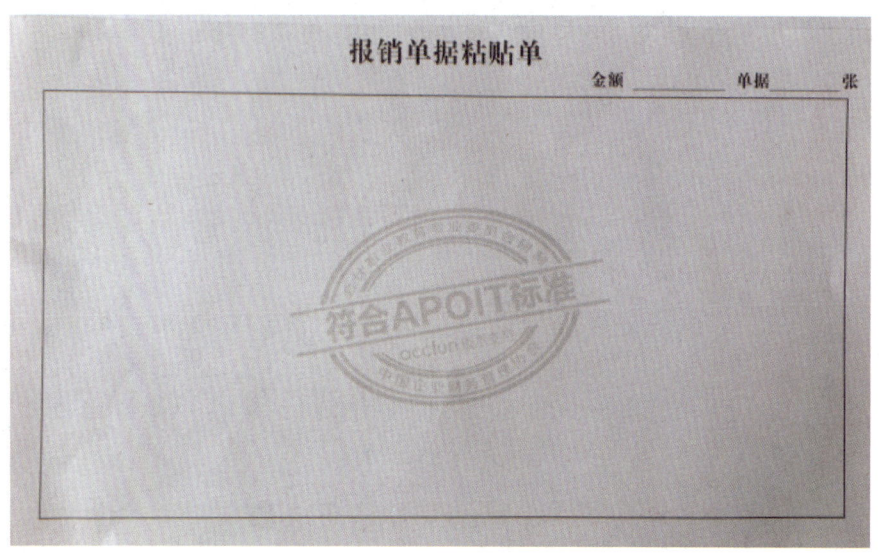

图2-3

第四步：将需要粘贴的凭证经过初步编排后，按"鱼鳞"形状"从右向左，自下而上，"粘贴在报销单据粘贴单上。凭证粘贴时要粘贴牢固、分布均衡、内容显现、整齐美观。具体操作方法如下：首先，在报销票据的左侧边涂上胶水，并按照从右向左、从下到上的顺序逐一粘贴；其次，如果票据较多，采用前面同样的方法粘贴第二层，第三层，直至粘贴完毕，形成最终鱼鳞形状粘贴成品（如图2-4、图2-5、图2-6、图2-7、图2-8所示）。

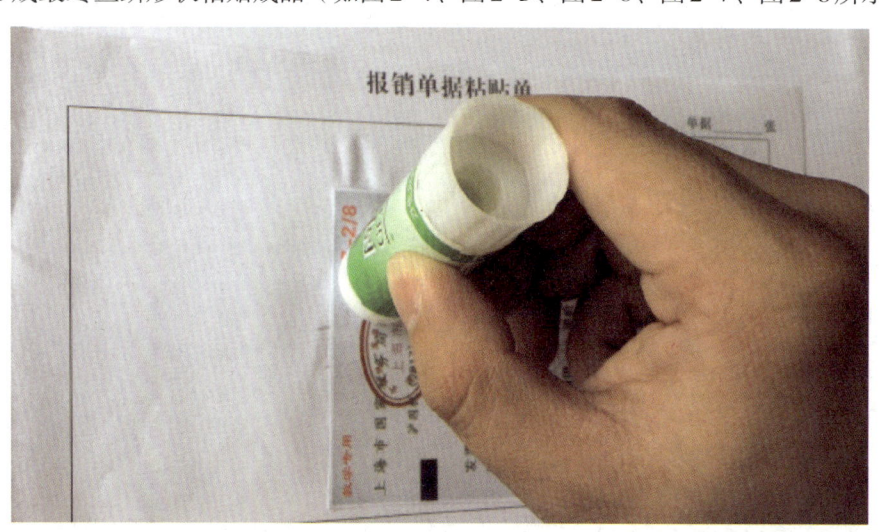

图2-4

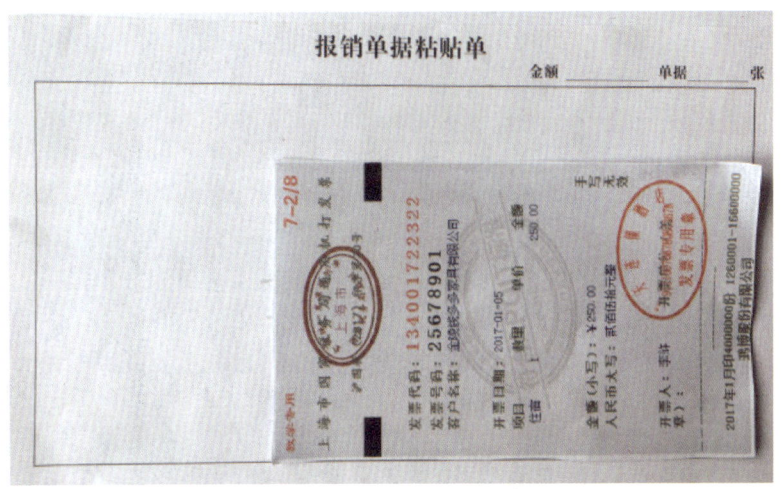

图 2-5

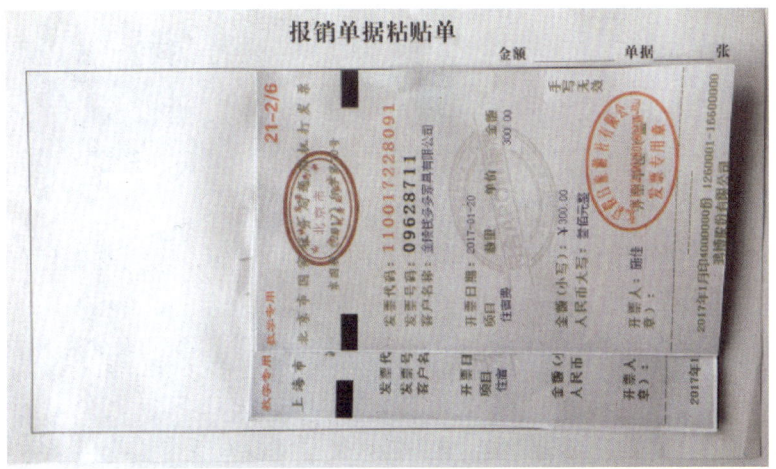

图 2-6

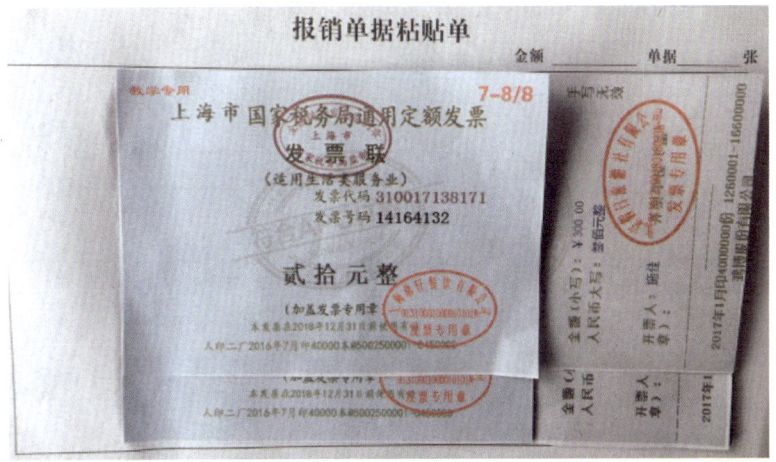

图 2-7

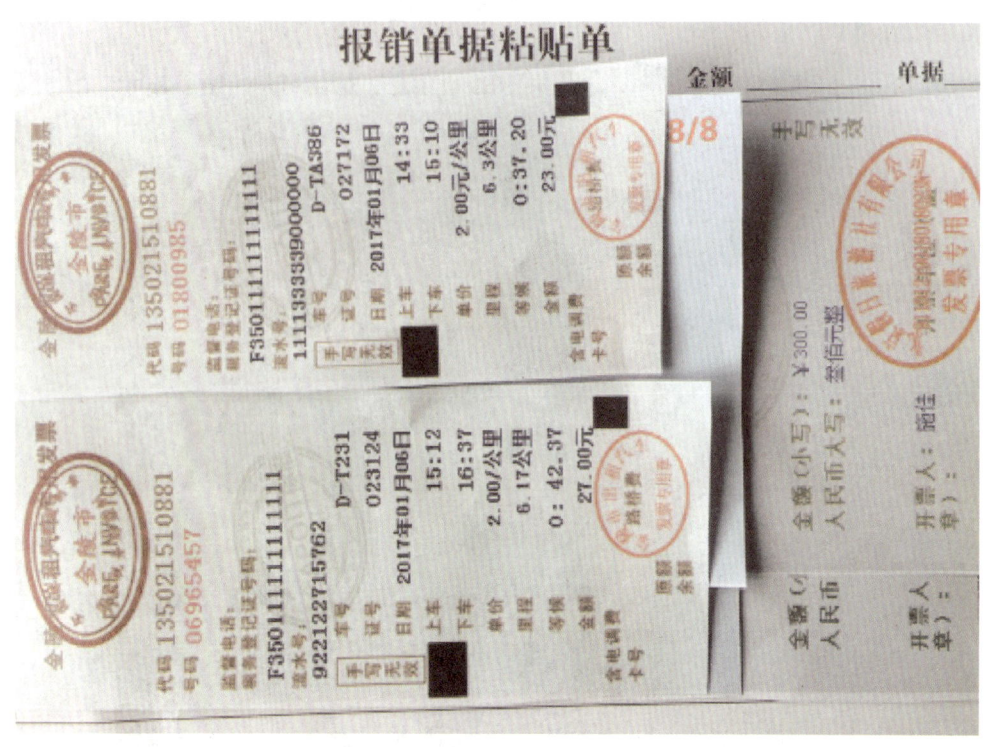

图2-8

第五步:将粘贴好报销单据粘贴单附于费用报销单后面,以凭证左上角对齐为准,进行粘贴或用回形针夹好(如图2-9、图2-10所示)。

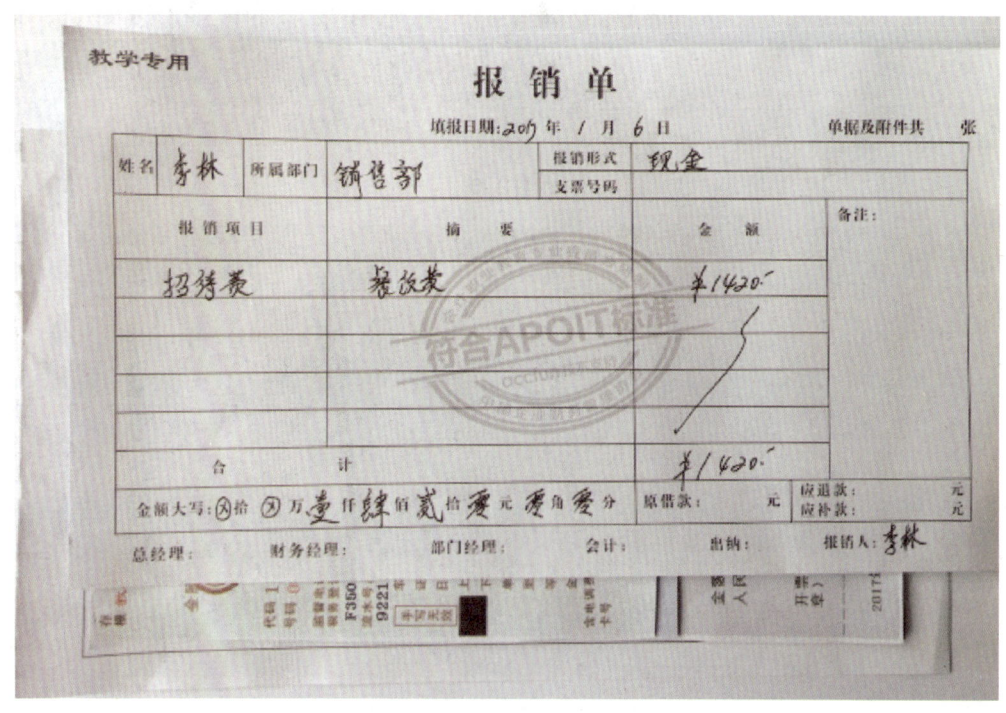

图2-9

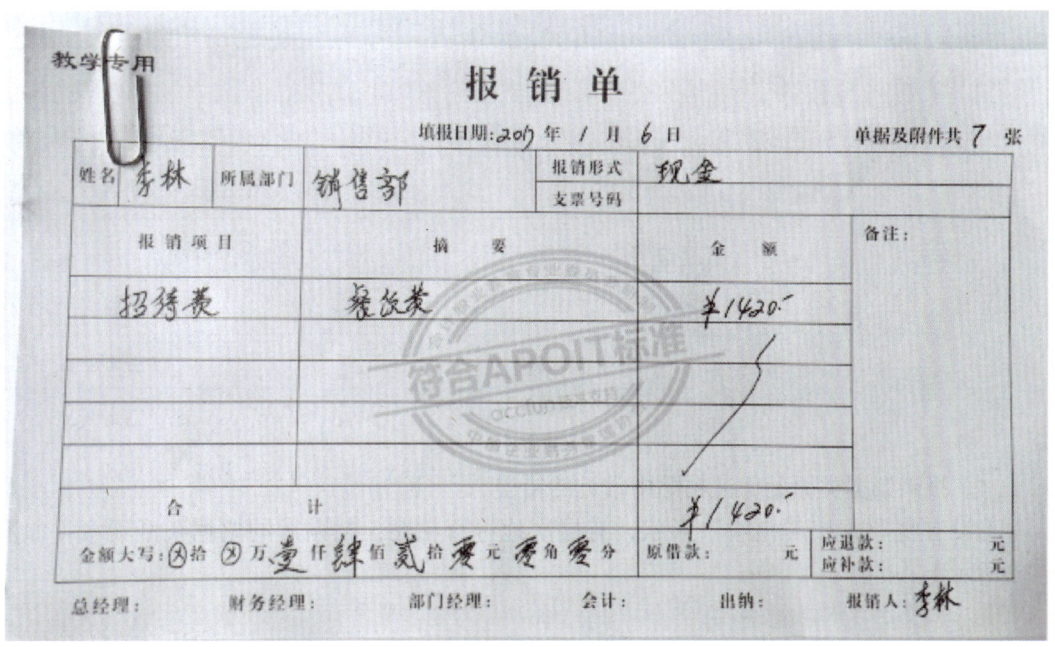

图2-10

（3）报销票据类原始凭证规范粘贴样本（如图2-11、图2-12所示）。

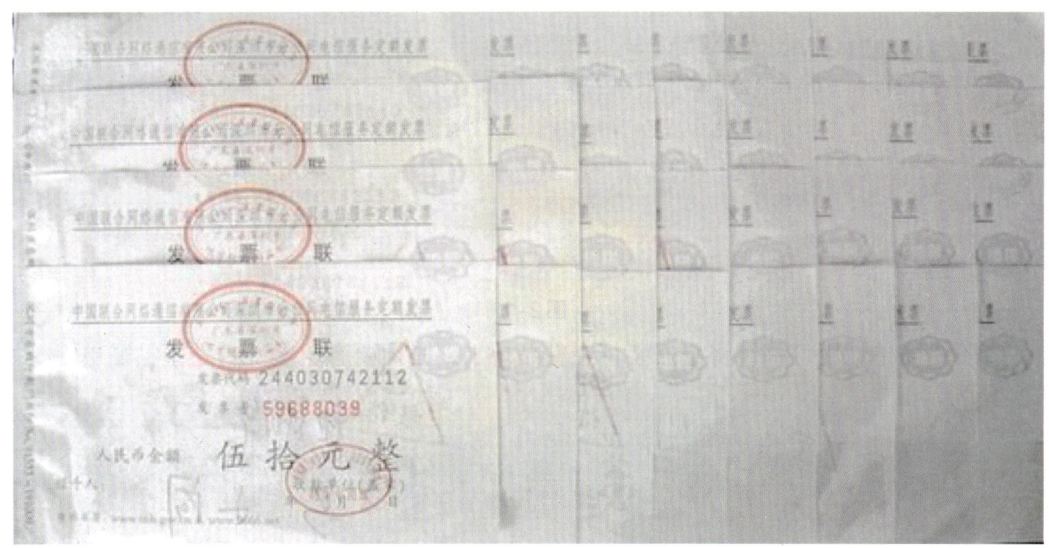

图2-11

图2-12

（4）报销票据类原始凭证粘贴中常见的错误。

①没有将票据按"鱼鳞"形状，有层次地进行粘贴，粘贴后的票据杂乱无章（如图2-13所示）。

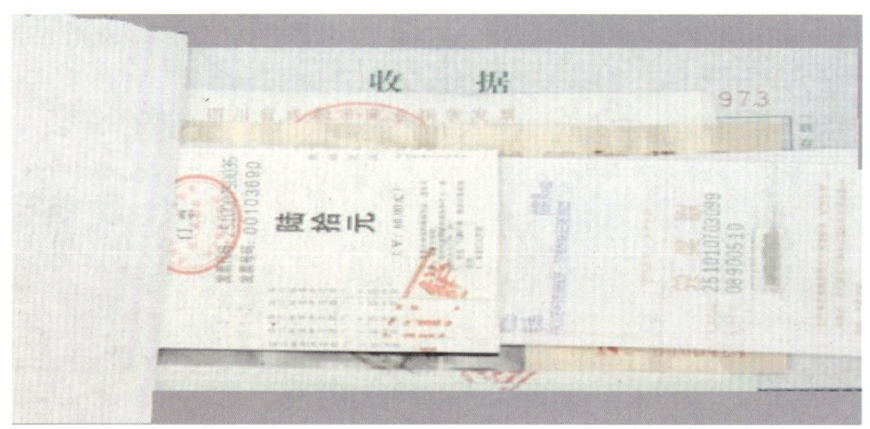

图2-13

②不得简单地用订书针将票据装订在粘贴单上，必须要有层次地粘贴于粘贴单上（如图2-14所示）。

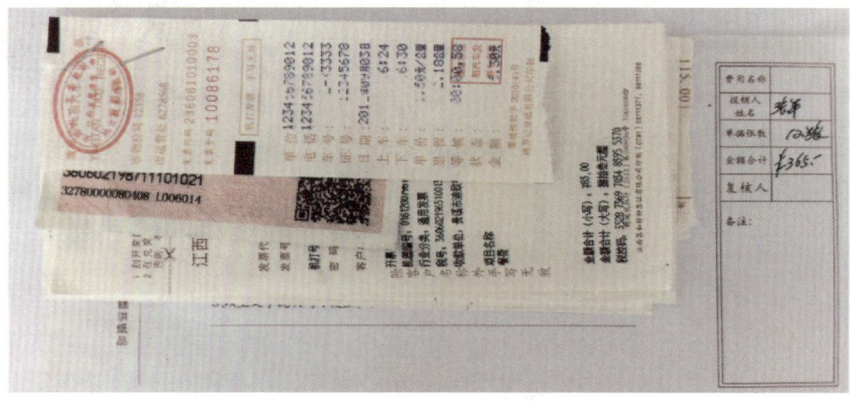

图2-14

③每一张票都贴在前一张票上,与粘贴单完全脱离,可以自由甩动,因此财务戏称之为"辫子"(如图2-15所示)。

图2-15

④将票分成几叠分别粘贴于粘贴单上,形成几块,称为"碎发"(如图2-16所示)。

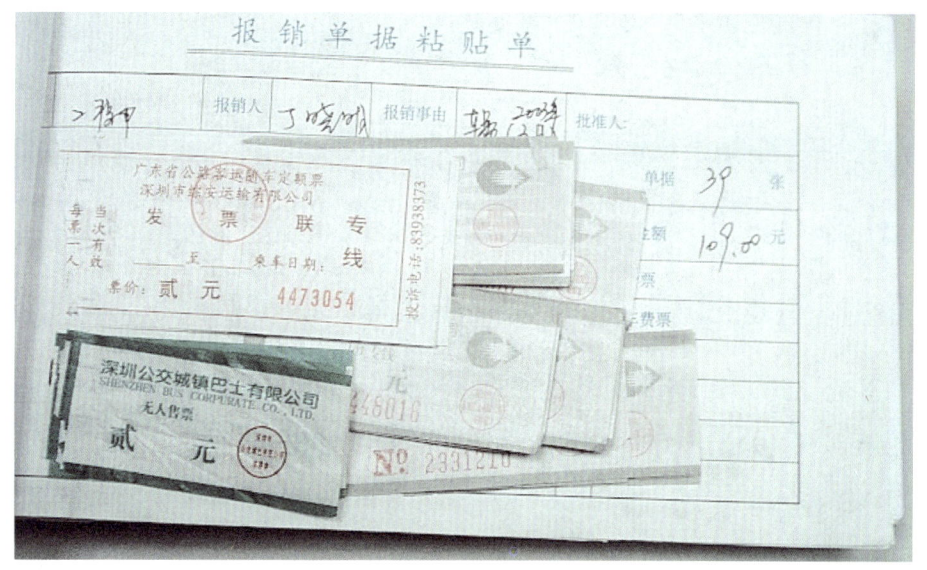

图2-16

⑤将所有的票粘贴在一起,形成两块非常蓬松的"拉丝"(如图2-17所示)。

⑥没有按票据正面与报销单粘贴单正面一致方向进行粘贴,将票据在粘贴时正面朝下,内容没有显现出来,将票据"颠倒"粘贴了(如图2-18所示)。

图2-17

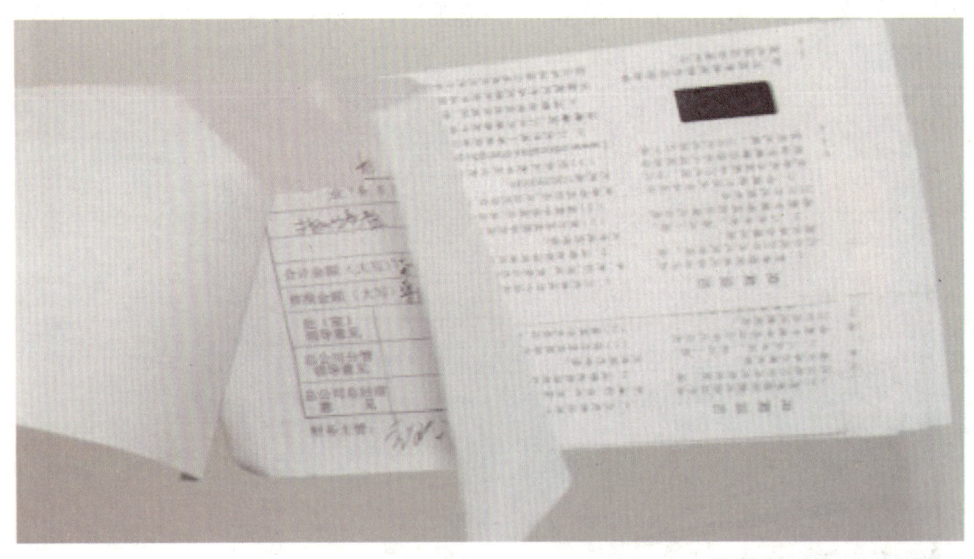

图2-18

2.常规业务原始凭证。

一般情况下,企业常规业务取得的原始凭证数量较少,相对比较单一,因此,其原始凭证的整理与粘贴相对也比较简单。具体来说:

(1)大票面顺上。

大票指原始凭证面积稍大的票据,一般而言大部分常见的凭证都可以称为大票(类似于支票存根联般大小以外的凭证除外）。大票在进行整理与粘贴时，应按照"大票面顺上"原则来整理粘贴，整理时要保持原始凭证的正面与记账凭证的正面一致，以左上角对齐为准。在记账凭证附件的左上角涂一点胶水然后粘贴在记账凭证后面，或用大头针或回形针进行固定。如果附件面积过宽过长于记账凭证，则需按折叠要求把附件折叠成与记账凭证面积一样大（如图2-19、图2-20、图2-21所示）。

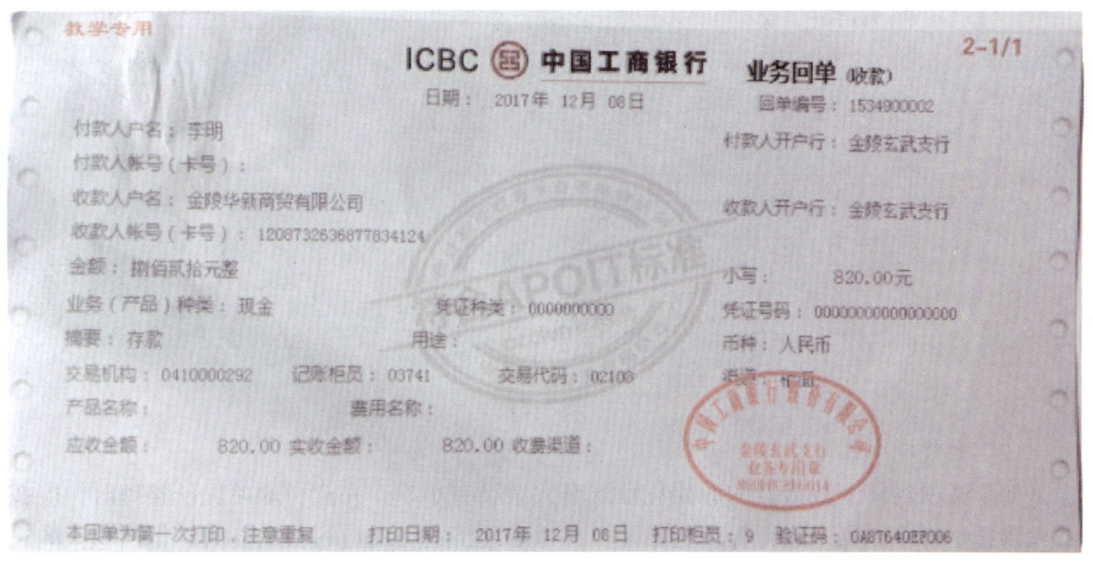

图2-19

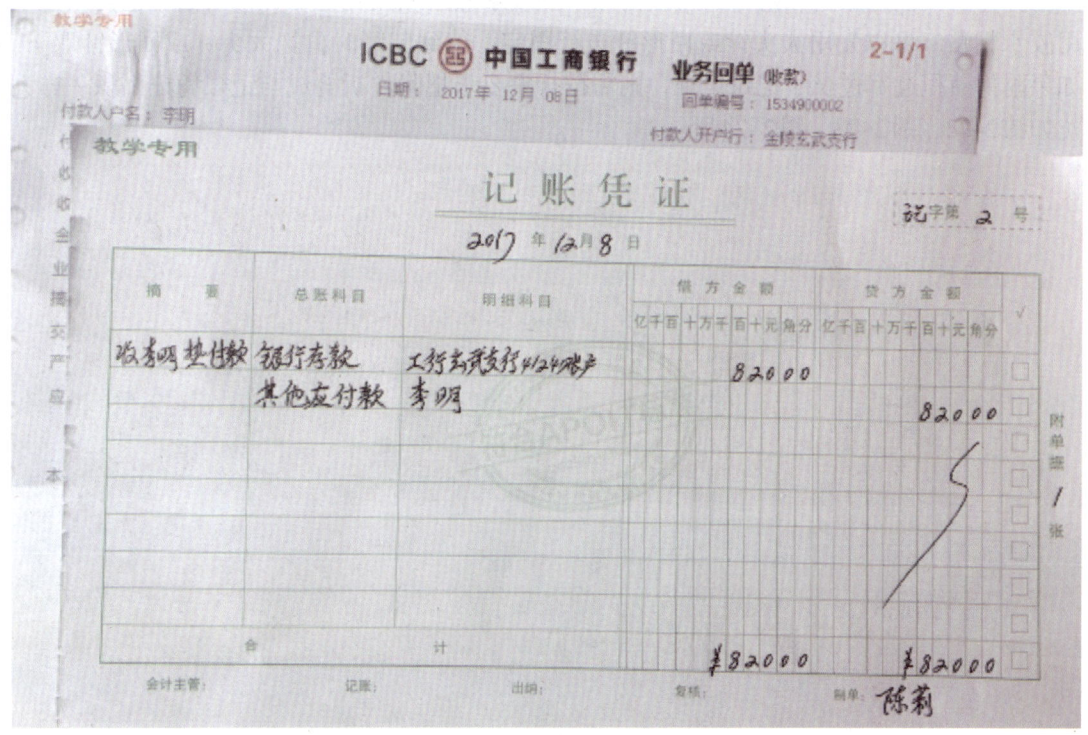

图2-20

教学专用

记账凭证

记字第 2 号

2017年12月8日

摘要	总账科目	明细科目	借方金额	贷方金额	✓
收李明垫付款	银行存款	工行玄武支行4124账户	82000		
	其他应付款	李明		82000	
合计			¥82000	¥82000	

附单据 1 张

会计主管： 记账： 出纳： 复核： 制单：陈莉

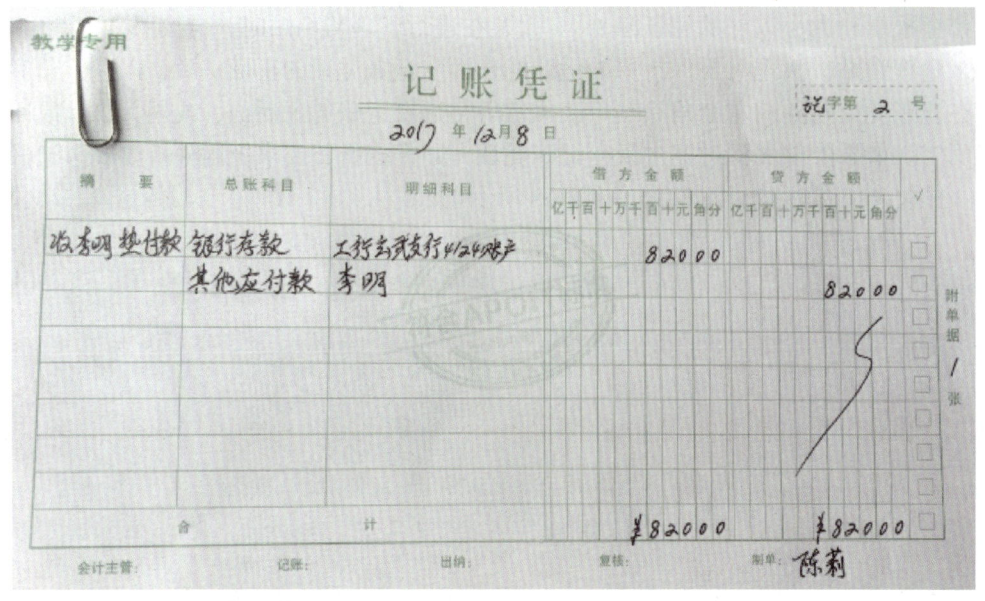

图2–21

（2）大票托小票。

如果某项经济业务涉及的原始凭证既有大票又有小票，在进行原始凭证整理时，应按“大票托小票”原则来进行整理与粘贴。在考虑经济业务对应科目的同时，把面积大的凭证放在下面，面积小的凭证放在上面，且原始凭证的正面与记账凭证的正面一致。以左上角对齐为准，在记账凭证附件的左上角涂一点胶水然后粘贴在记账凭证后面，也可以先不用胶水粘贴，可以先用大头针或回形针进行固定，待到装订时再把大头针或回形针取下。如果附件面积过宽过长于记账凭证，则需按折叠要求把附件折叠成与记账凭证面积一样大（如图2–22、图2–23、图2–24所示）。

教学专用

11–1/3　11–3/3

金陵华新商贸有限公司

销售单

NO. 1712001

地址：金陵市玄武区上地路5号

电话：0688-2342511　邮编：258800

客户名称：金陵积善行商贸有限公司

地址电话：金陵市玄武区南山路22号 0688-86615833

日期：2017年12月22日

编码	产品名称	规格	单位	单价	数量	金额	备注
001	办公桌		张	1 340.00	20	26 800.00	
002	办公椅		把	380.00	40	15 200.00	
	人民币（大写）：肆万贰仟元整					¥42 000.00	

销售经理：李明　会计：陈莉　仓管：李琳　验收人：赵强　经办人：林乐

本回单为第一次打印，注意重复　打印日期：2017年 12月 22日　打印柜员：9　验证码：0A87640EF006

开户行及账号：中国工商银行金陵玄武支行 1208732636877834124

收款人：　复核：　开票人：陈莉　销货单位：（章）

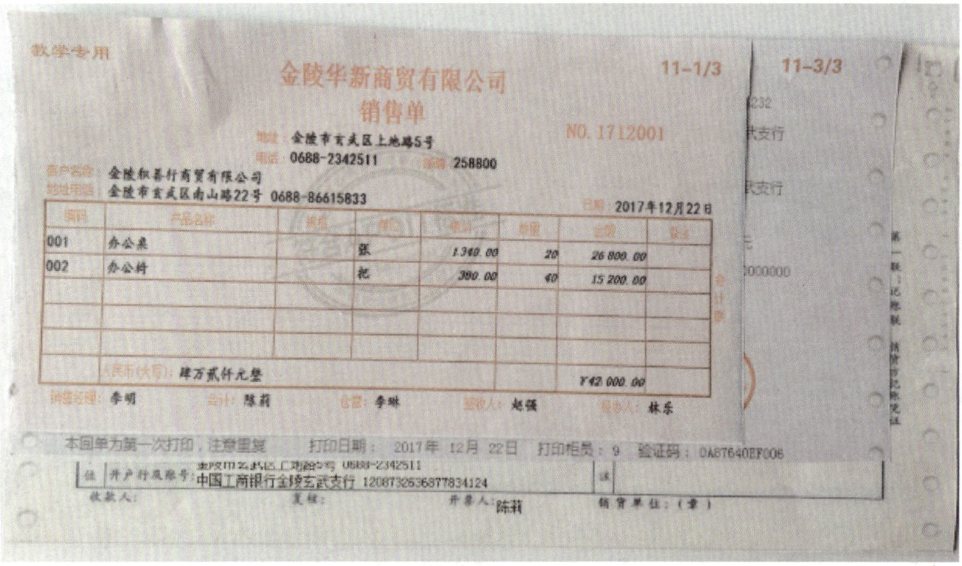

图2–22

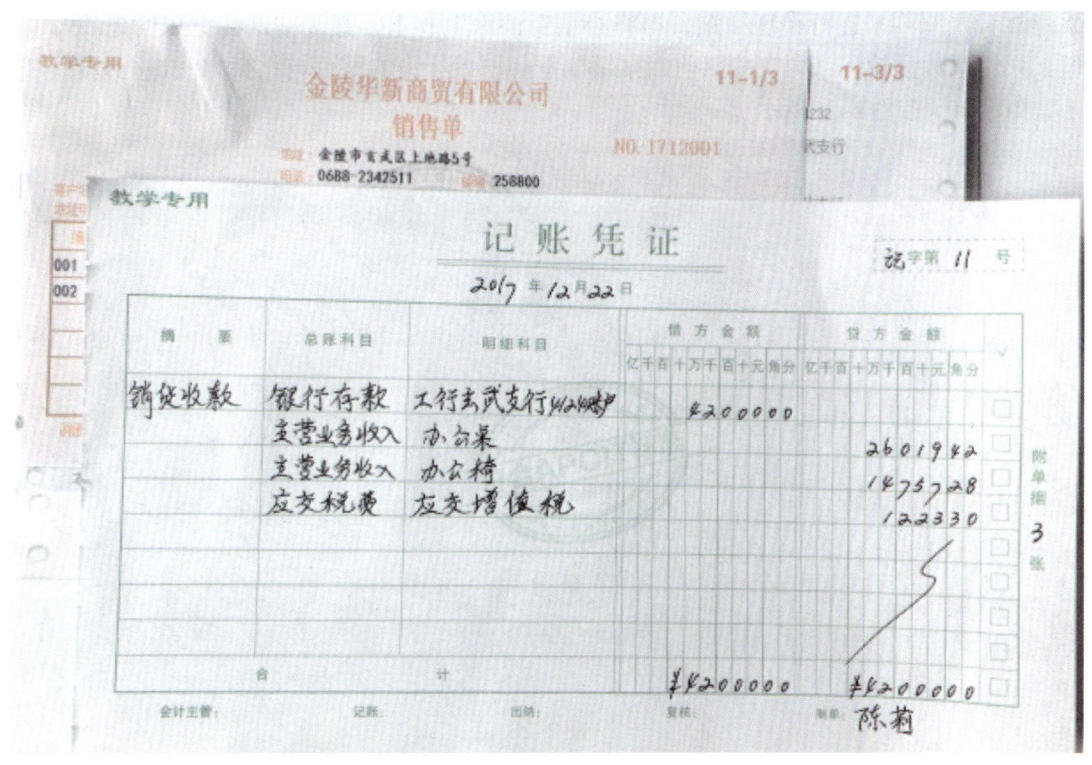

图2-23

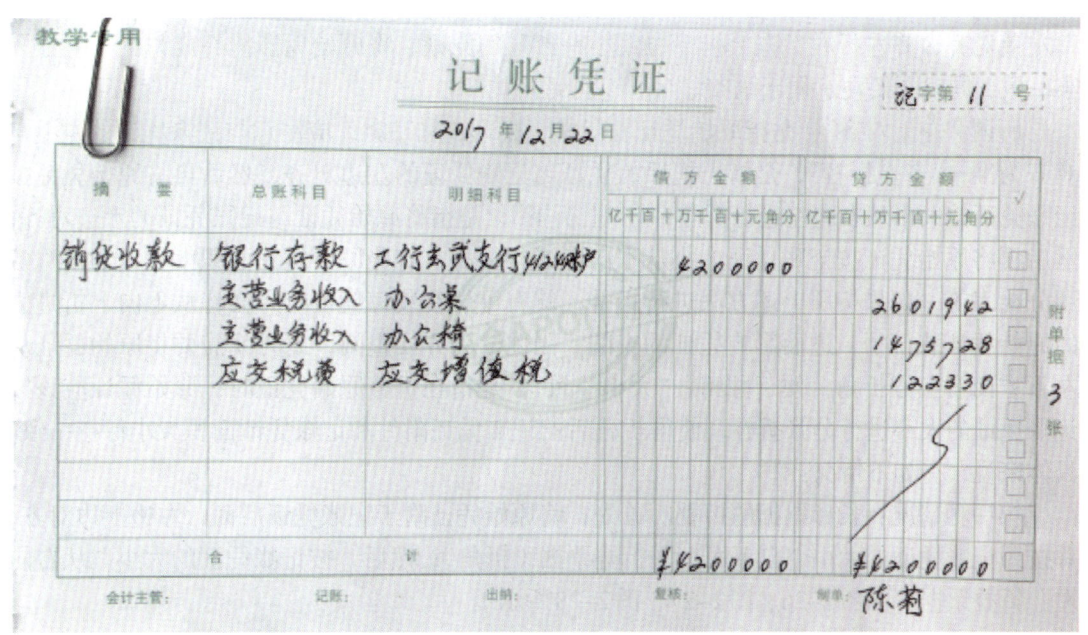

图2-24

（3）小票背靠背（附粘单）。

小票指原始凭证面积较小的票据，如支票存根联。在进行附件整理时，一般按照"小

· 31 ·

票背靠背"原则来进行整理粘贴,即将小票背面涂上胶水,直接粘贴在记账凭证的背面。但如果小票数量较多,则应按照前面报销票据类原始凭证的整理与粘贴方法进行处理,即小票附粘单(如图2-25所示)。

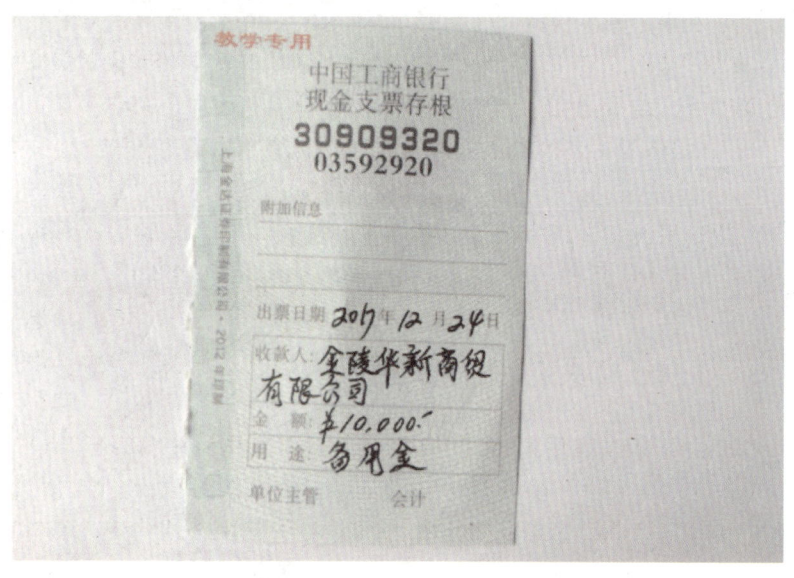

图2-25

(4)大票需折叠。

在进行原始凭证的整理时,如果原始凭证的面积与记账凭证的面积大小不一致,应按"左上对齐、齐左折右、齐上折下、大小一致"的原则,将原始凭证折叠成与记账凭证大小一致,同时还要注意便于翻阅。

所谓"左上对齐",是指原始凭证在折叠、整理、粘贴时,应注意与记账凭证的左上角对齐为准;"齐左折右",是指先把原始凭证与记账凭证的左边对齐,然后再将原始凭证按记账凭证的大小从右向左进行折叠;"齐上折下",是指将原始凭证与记账凭证的上边对齐,然后再将原始凭证按记账凭证大小从下向上进行折叠。有些原始凭证面积太大,如工资费用分配表等,如果按照上述方法进行折叠,就有可能在装订凭证时,会将从下向上折进去的原始凭证装订了,进而影响凭证的查阅。因此,为方便查阅,此时就需要将原始凭证从左下方向右上方折角,便于翻阅。"大小一致",是指在折叠原始凭证时,原始凭证应该按记账凭证的大小进行分张折叠,使得折叠后的记账凭证附件和记账凭证面积大小保持一致。具体来说,有如下情况:

第一种情况:长形票据的折叠。首先,将原始凭证附于记账凭证后面,左边上边对齐,并按照记账凭证的大小"自下而上"折叠票据(折角);然后,按记账凭证的大小"从右向左"折叠票据(如图2-26、图2-27、图2-28所示)。

金陵华新商贸有限公司12月工资计提表

13-1/1

制表日期：2017年12月31日　　　　　　　　　　　　　　　　　　　　　　　　　　　　单位：元

部门		姓名	基本工资	加班工资	全勤奖金	其他津贴	工资小计	扣减款项		应发工资	实发
								罚款	缺勤		
管理费用		总经办 李明	3 000.00			300.00	3 300.00			3 300.00	3 300.00
		行政部 李拼	2 500.00			200.00	2 700.00			2 700.00	2 700.00
		财务部 陈莉	2 800.00			200.00	3 000.00			3 000.00	3 000.00
	小计		8 300.00			700.00	9 000.00			9 000.00	9 000.00
销售费用		销售部 林乐	2 800.00			200.00	3 000.00			3 000.00	3 000.00
	小计		2 800.00			200.00	3 000.00			3 000.00	3 000.00
合计			11 100.00			900.00	12 000.00			12 000.00	12 000.00

单位负责人：李明　　　复核：陈莉　　　制单：陈莉

图 2-26

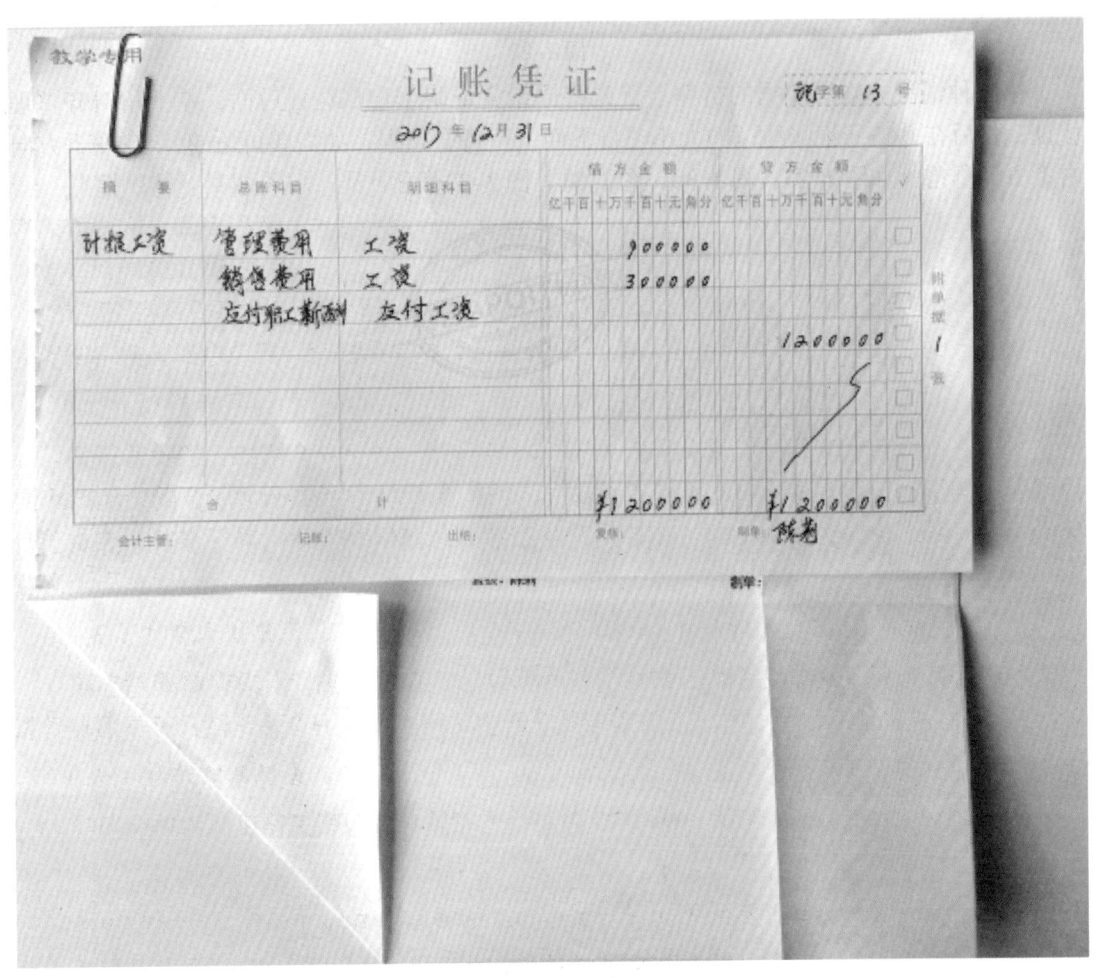

图 2-27

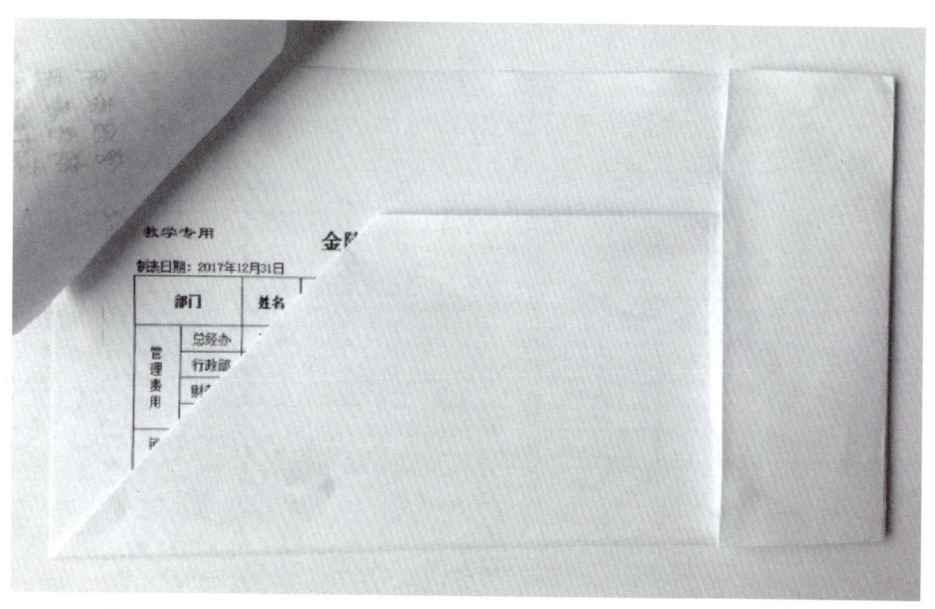

图2-28

第二种情况：宽形票据的折叠。首先将原始凭证附于记账凭证后面，左上角对齐整理凭证；然后在并按照记账凭证的大小"自下而上"折叠票据，如需要折角的，"自左下方向右上方"折角（如图2-29、图2-30、图2-31、图2-32所示）。

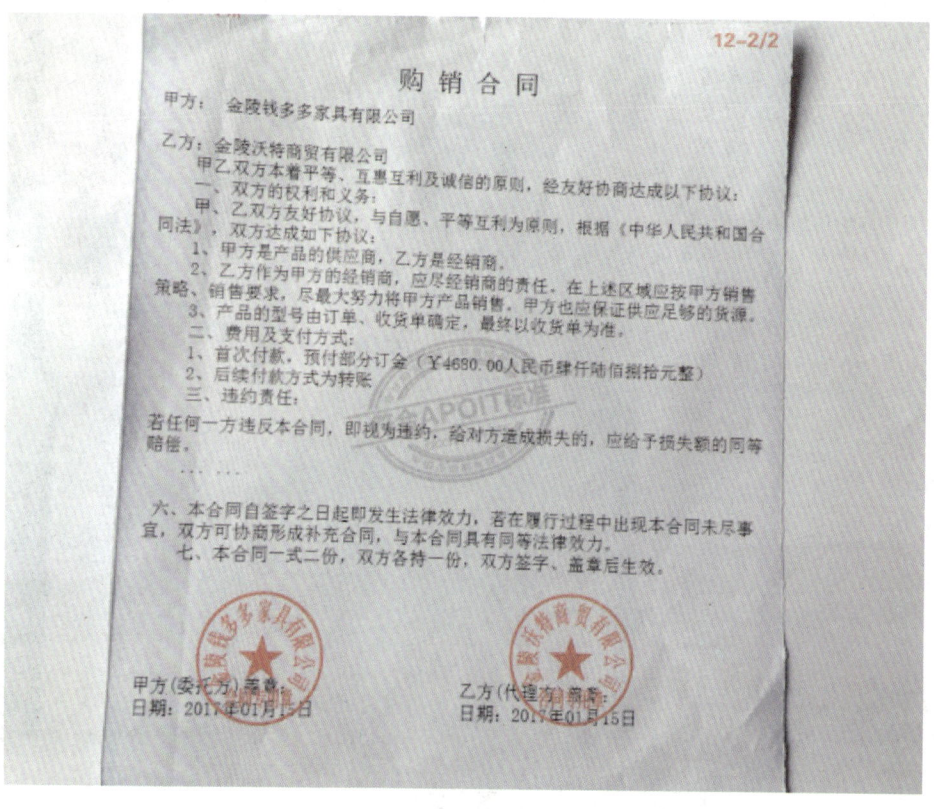

图2-29

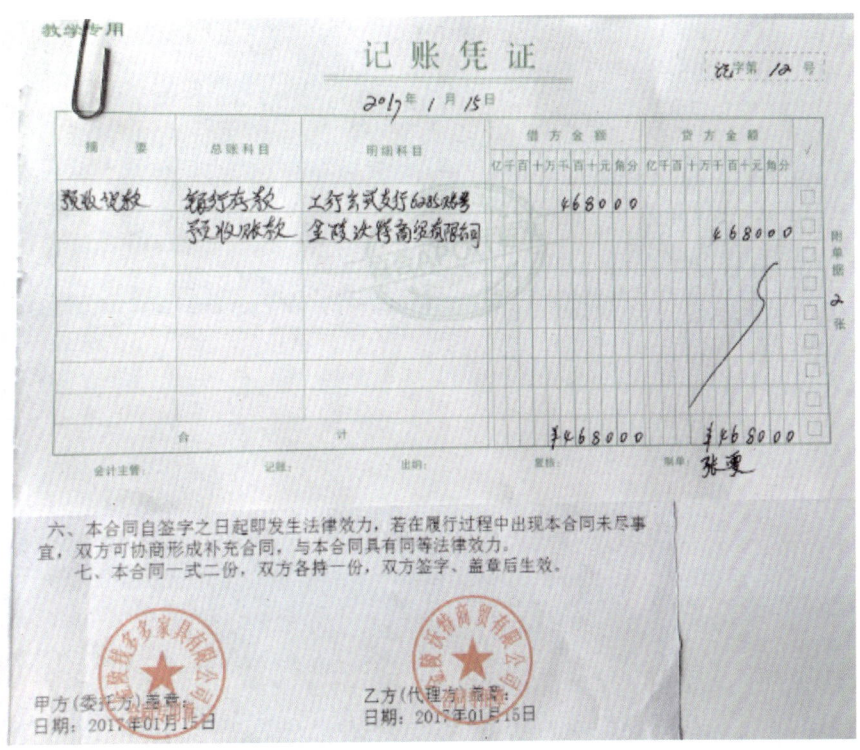

图2-30

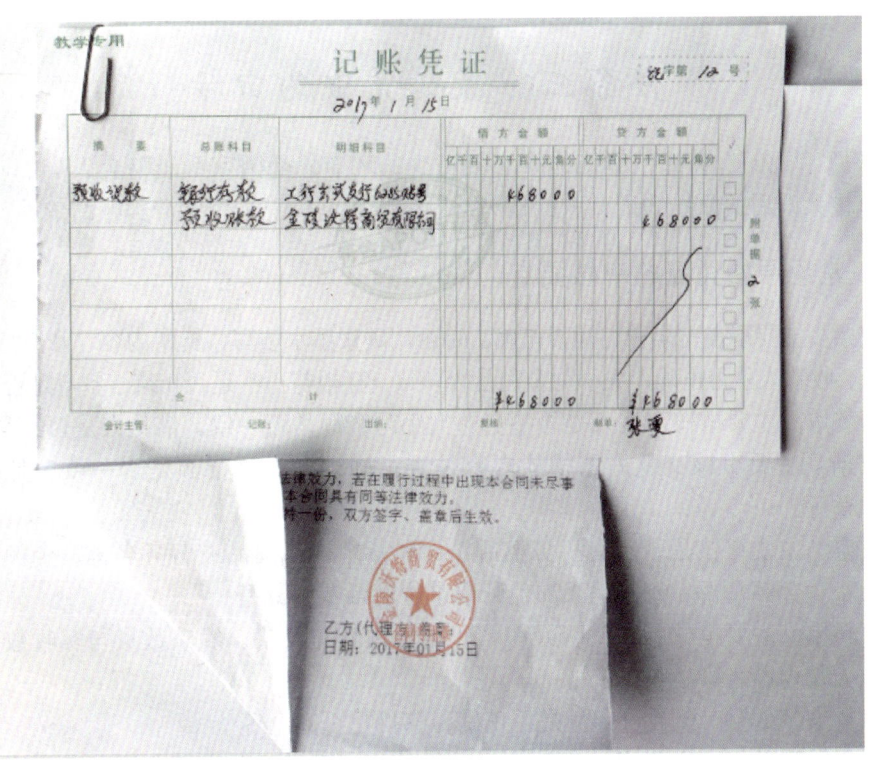

图2-31

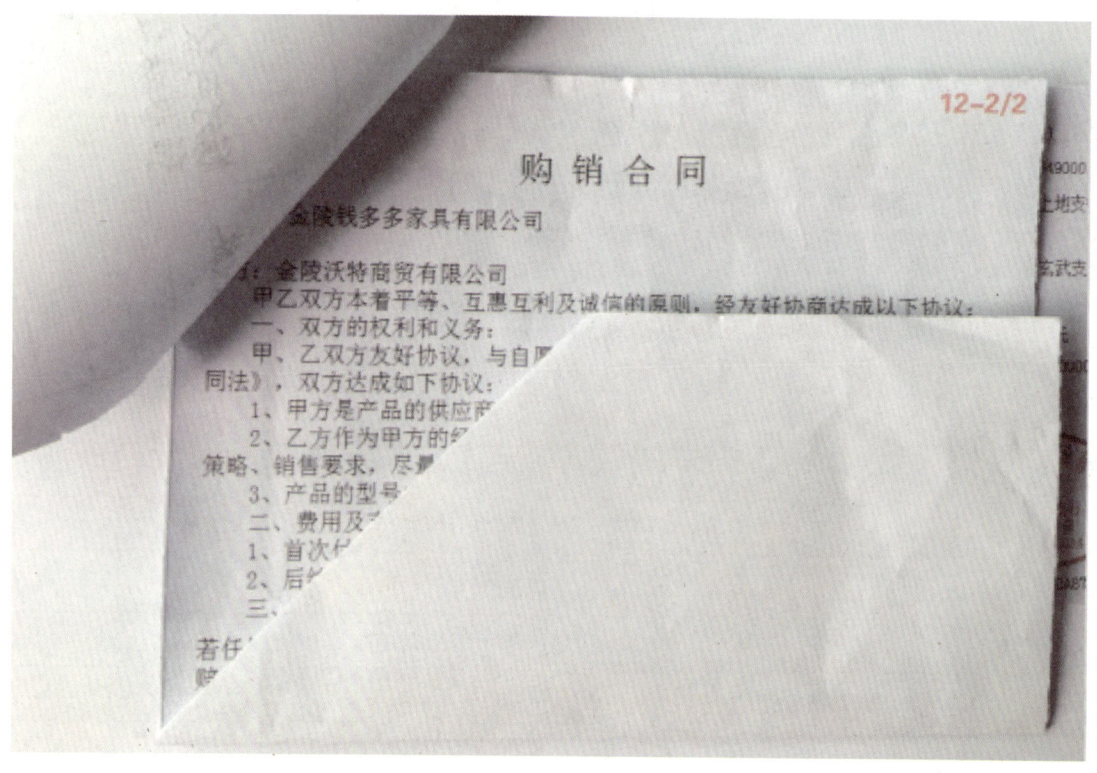

图2-32

任务三 原始凭证的审核

审核原始凭证是会计核算工作中必不可少的环节,是国家赋予财会人员的监督权限。只有经审核无误后的原始凭证,才能作为编制记账凭证和登记明细分类账的依据。

一、常见原始凭证的审核要点

1.支票。主要审查支票种类是否正确,是否用碳素墨水填写,支票内容、开户行名称、签发人账号、收款人是否正确,大小写金额是否一致,存根与正本是否相符,签章是否齐全。

2.借款单。主要审核审批人是否签名,大小写金额是否一致,借款人是否签名等。

3.收据。主要审核交款人、款项内容是否正确,大小写金额是否一致,是否加加盖"收讫"章等。

4.发票。主要审核是否印有税务监制章,购货单位、商品或劳务名称、金额计算是否正确,大小写金额是否一致,是否加盖开票单位发票专用章等。

5.收料单。主要审核验收是否及时,收料单内容与发票、发票数量与实收数量是否一致,验收人是否签名等。

6.领料单。主要审核数量金额是否正确,签批是否齐全等。

7.银行结算单据。主要审核收款人、收付款人、账号及开户行名称是否正确,大小写金额是否一致等。

对审核过程中发现的有问题的原始凭证，应分情况作不同处理：对不合法、不真实的原始凭证，不予受理，并向单位负责人报告；对不正确、不完整的原始凭证，应当退回原经办人员，由其负责将有关凭证补充完整、更正错误或重新开后，再办理正式会计手续。

二、原始凭证的审核实训资料

江西天华家具有限公司2019年1月份发生如下经济业务：

1.1月5日，出纳李美玲开具现金支票出银行提现2 000元，填写了一张现金支票，请审核。

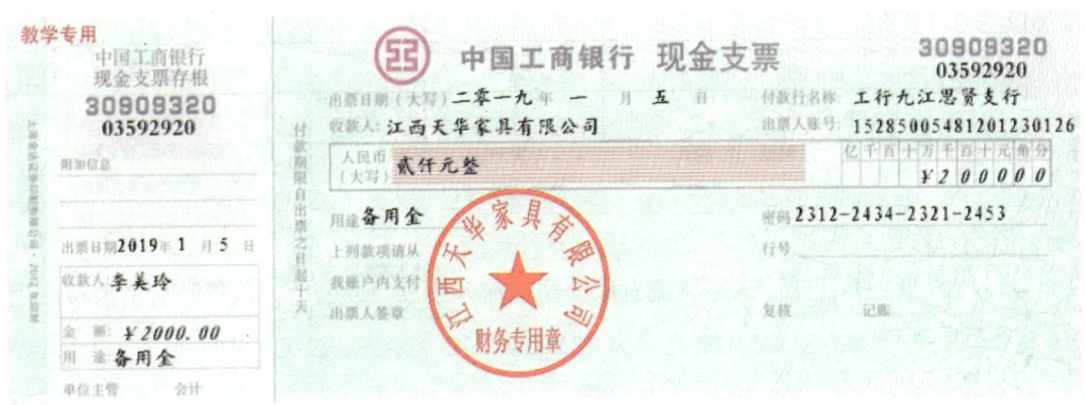

审核意见：

2.1月7日，行政部宋小菊出差预借差旅费1 000元，填写了一张借款单，请审核。

审核意见：

3.1月16日，生产车间陈宏领用密度板100张，单价210元，金额21 000元，用于生产办公桌，填写了一张领料单，请审核。

江西天华家具有限公司领料单

2019年1月16日　　　　No 1901001

领料部门	生产车间	领料用途	生产办公桌	领料日期	2019年1月16日	
编号	存货名称及规格	单位	数量		实际价格	
			请领	实发	单价	金额
001	密度板	张	100	100	210.00	21 000.00
	合计					

会计：　　　领料部门负责人：　　　发料人：　　　领料人：

审核意见：

4. 1月27日，委托江西顺通物流有限公司运输办公桌、办公椅，取得一份增值税专用发票），请审核。

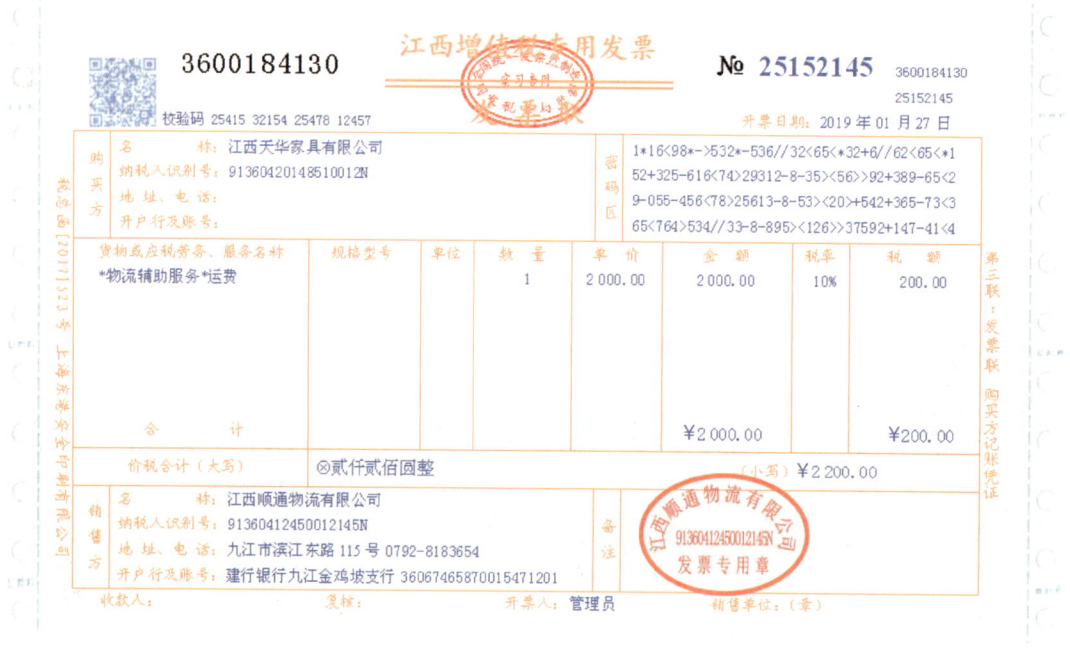

审核意见：

三、原始凭证的审核实训要求

请根据上述江西天华家具有限公司2019年1月份发生的经济业务，按要求审核相关的原始凭证。

项目三　记账凭证的填制与审核

任务一　记账凭证的填制

记账凭证是会计人员根据审核无误的原始凭证按照经济业务事项的内容加以归类，并据以确定会计分录后所填制的会计凭证。它是登记账簿的直接依据。作为登记会计账簿依据的记账凭证，必须具备下列内容要素填制凭证的日期、凭证的名称和编号、经济业务的摘要、应记会计科目方向及金额、记账符号、所附原始凭证的张数，填制人员、稽核人员、记账人员和会计主管人员签名或盖章，此外还要设置"账页"栏（或记账栏），以便登账以后可在该栏内注明记入账簿的页码，或作记账符号。

一、记账凭证的填制实训资料

（一）企业背景资料

1. 企业名称：贵西绍军食品有限公司
2. 法人代表：谢军
3. 性　　质：股份有限公司，增值税一般纳税人
4. 纳税人识别号：91360681MA46DHJL28
5. 地　址、电　话：贵西市雄石东路21号　0701-3780552
6. 开户行及账号：中国建设银行贵西贵电支行　3606037805520019
7. 财务经理：王野　　会计：吴阳　　出纳：叶敏

（二）2019年1月份发生经济业务如下

1. 筹资过程发生的交易或事项。

（1）1月2日，收到股东谢军投资款200 000元，存入银行。

（2）1月3日，向建设银行借入为期6个月的流动资金周转贷款100 000元。

2. 供应过程发生的交易或事项。

（3）1月5日，从一般纳税人深圳市乐学机械有限公司购入不需要安装的WK21型电烤箱一台，价款100 000元，增值税16 000元，固定资产已验收入库，款项以银行存款支付。

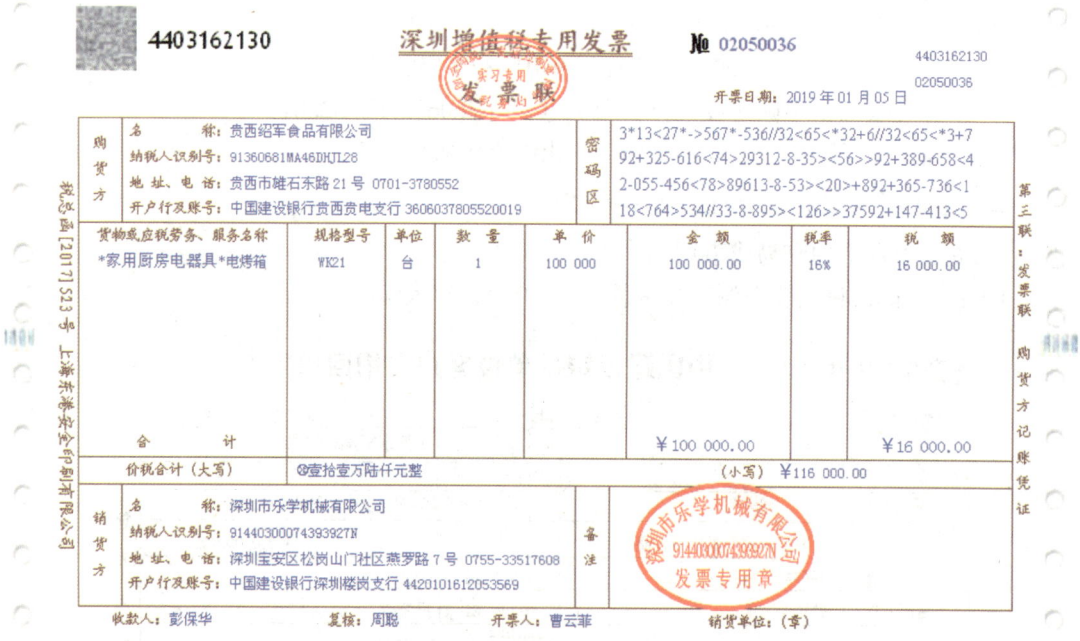

（增值税专用发票抵扣联已经办理认证抵扣单独归档保管，不作为记账凭证附件）

贵西绍军食品有限公司固定资产验收入库单

验收部门：仓库部　　　　　2019年1月5日　　　　　NO 1901001

固定资产名称	规格	单位	交库数量	实收数量	不含税金额	备注
电烤箱	WK21	台	1	1	100 000.00	生产车间使用
合计						

采购经理：张洪　　会计：吴阳　　仓管：李庆　　签收人：王小英

（第三联　贝存页）

中国建设银行单位客户专用回单

中国建设银行 China Construction Bank

币别：人民币　　　　2019年1月05日　　　　流水号：360602145008000002

付款人	全称	贵西绍军食品有限公司	收款人	全称	深圳市乐学机械有限公司
	账号	3606037805520019		账号	4420101612053569
	开户行	中国建设银行贵西贵电支行		开户行	中国建设银行深圳楼岗支行
金额	（大写）人民币壹拾壹万陆仟元整			（小写）￥116 000.00	
凭证种类	电子转账凭证		凭证号码	000206824805	
结算方式	转账		用途	货款	

打印柜员：360660450001
打印机构：贵西贵电支行
打印卡号：3606600001001088

（借方回单）

打印时间：2019-01-06　11：07：40　　交易柜员：360001450D36　　交易机构：360001450

（4）1月6日，从一般纳税人贵阳庆伟食品有限公司购入面包主料2 000千克，每千克60元，计120 000元，增值税19 200元；面包辅料1 000千克，每千克20元，计20 000元，增值税3 200元；材料已验收入库，款项尚未支付。

（5）1月9日，从小规模纳税人龙岩市惠生印刷有限公司购入面包纸盒600袋，单价15元，计9 000元；增值税270元，材料已经验收入库单，款项以银行存款支付。

（6）1月9日，支付贵阳庆伟食品有限公司公司货款162 400元。

中国建设银行	中国建设银行单位客户专用回单			
币别：人民币	2019年01月09日		流水号：3606021450080000004	
付款人	全称	贵西绍军食品有限公司	收款人	全称	贵阳庆伟食品有限公司
	账号	3606037805520019		账号	5200150393605250
	开户行	中国建设银行贵西贵电支行		开户行	中国建设银行贵阳朝阳洞支行
金额	（大写）人民币壹拾陆万贰仟肆佰元整		（小写）¥162 400.00	
凭证种类	电子转账凭证		凭证号码	000206824807
结算方式	转账		用途	货款
			打印柜员：360660450001 打印机构：贵西贵电支行 打印卡号：3606600001001088	

打印时间：2019-01-10 11：08：12　交易柜员：360001450D36　交易机构：360001450

（7）1月13日，通过银行转账交纳上月税费，共33 600元，其中未交增值税30 000元，应交城市维护建设税2 100元，应交教育费附加900元，应交地方教育费附加600元。

中国建设银行	中国建设银行单位客户专用回单	
转账日期：2019年01月13日		凭证字号：3606021450080000006
纳税人全称及纳税人识别号：贵西绍军食品有限公司 91360681MA46DHJL28		
付款人全称：贵西绍军食品有限公司		咨询（投诉）电话：12366
付款人账号：3606037805520019		征收机构关名称（委托方）：国家税务局鹰潭贵西分局
付款人开户银行：中国建设银行贵西贵电支行		收款国库（银行）名称：国家金库贵西市支库
小写（合计）金额：叁万元整		缴款书交款流水号：2019011348749993
大写（合计）金额：人民币		税票号码：3201912130000273347
税（费）种名称　所属时期　实缴金额 增值税　　20181201-20181231　30 000.00		

打印时间：2019-01-14 11：08：12　交易柜员：360001450D36　交易机构：360001450

中国建设银行	中国建设银行单位客户专用回单	
转账日期：2019年01月13日		凭证字号：3606021450080000007
纳税人全称及纳税人识别号：贵西绍军食品有限公司 91360681MA46DHJL28		
付款人全称：贵西绍军食品有限公司		咨询（投诉）电话：12366
付款人账号：3606037805520019		征收机构关名称（委托方）：贵西市地方税务局
付款人开户银行：中国建设银行贵西贵电支行		收款国库（银行）名称：国家金库贵西市支库
小写（合计）金额：叁仟陆佰元整		缴款书交款流水号：2019011348741071
大写（合计）金额：人民币		税票号码：3201901130000277892
税（费）种名称　所属时期　实缴金额 城市维护建设税　20181201-20181231　2 100.00 教育费附加　　20181201-20181231　900.00 地方教育费附加　20181201-20181231　600.00		

打印时间：2019-01-14 11：08：12　交易柜员：360001450D36　交易机构：360001450

（8）1月16日，通过银行转账支付上月工资175 000元。

中国建设银行单位客户专用回单

币别：人民币　　　　2019年01月15日　　　　流水号：360602145008000008

付款人	全称	贵西绍军食品有限公司	收款人	全称	企业网上银行代发代扣业务款项过渡户
	账号	3606037805520019		账号	10136000145022951000 30001
	开户行	中国建设银行贵西贵电支行		开户行	中国建设银行江西省分行营运管理部核算中心
金额		（大写）人民币壹拾柒万伍仟元整		（小写）￥175 000.00	
凭证种类			凭证号码	02304011823377	
结算方式		转账	用途	工资	

打印柜员：360660450001
打印机构：贵西贵电支行
打印卡号：3606600001001088

打印时间：2019-01-16　11：07：50　　交易柜员：360001450D36　　交易机构：360001450

贵西绍军食品有限公司工资发放表

2019年1月15日　　　　　　单位：元

部门	姓名	基本工资	加班工资	全勤奖金	其他津贴	工资小计	减扣款项		应发工资
							罚款	缺勤	
总经办	谢军	3 000.00	500.00	100.00	500.00	4 100.00			4 100.00
	李小英	2 800.00	500.00	100.00		3 400.00			3 400.00
财务部	王野	2 800.00	500.00	100.00	150.00	3 550.00			3 550.00
	吴阳	2 500.00	500.00	100.00	150.00	3 250.00			3 250.00
	叶敏	2 000.00	500.00	100.00	150.00	2 750.00			2 750.00
管理	以下省略								

3.生产过程发生的交易或事项。

（9）1月16日，生产花式面包领用面包主料4 000千克，面包辅料2 800千克，面包纸盒1 000袋；生产趣味面包领用面包主料3 000千克，面包辅料1 200千克，面包纸盒700袋；车间一般性耗用面包辅料1 000千克；行政管理部门领用面包纸盒200千克；销售部门领用面包纸盒100千克；面包主料单位成本为60元、面包辅料单位成本为20元、面包纸盒单位成本为15元。

贵西绍军食品有限公司发料凭证汇总表

2019年12月16日　　　　　　单位：元

车间、部门		面包主料			面包辅料			面包纸盒			合计
		数量	单价	金额	数量	单价	金额	数量	单价	金额	
生产车间	生产花式面包	4 000	60	240 000	2 800	20	56 000	1 000	15	15 000	311 000
	生产趣味面包	3 000	60	180 000	1 200	20	24 000	700	15	10 500	214 500
	车间一般性耗用				1 000	20	20 000				20 000
行政管理部门								200	15	3 000	3 000
销售部门								100	15	1 500	1 500
合计		7 000		420 000	5 000		100 000	2 000		30 000	550 000

制表：吴阳　　　　复核：王野

贵西绍军食品有限公司领料单

领料部门：销售部　　领料用途：　　　2019年01月16日　　No.01901005

存货名称	规格	单位	请领数量	实发数量	单价	金额
面包纸盒		袋	100	100	15.00	1500.00

第三联　财务联

贵西绍军食品有限公司领料单

领料部门：行政部　　领料用途：　　　2019年01月16日　　No.01901004

存货名称	规格	单位	请领数量	实发数量	单价	金额
面包纸盒		袋	200	200	15.00	3000.00
其他领料单省略						
合　计						3000.00

领料部门负责人：戴勇　　会计：吴阳　　发料人：夏细玲　　领料人：毛容

第三联　财务联

（10）1月31日，分配本月工资共计142 000元，生产花式面包工人工资54 520元，趣味面包工人工资39 480元，车间管理人员工资22 000元，公司行政管理人员工资16 000元，销售人员工资10 000元。

贵西绍军食品有限公司工资费用分配表

2019年01月31日　　　　　　　　　　　　　　　　单位：元

	车间、部门	应分配金额	备注
生产车间	生产花式面包车间人员	54 520	
	生产趣味面包车间人员	39 480	
	车间行政管理人员	22 000	
	行政管理部门人员	16 000	
	销售部门人员	10 000	
	合　　计	142 000	

制表：吴阳　　　　　　　　　　　　复核：王野

（11）1月23日，以银行存款支付生产车间设备维修费13 425元。

中国建设银行单位客户专用回单

币别：人民币　　　　2019 年 01 月 23 日　　　流水号：360602145008000009

付款人	全称	贵西绍军食品有限公司	收款人	全称	贵西领乐机械有限公司
	账号	3606037805520019		账号	3606230920081419
	开户行	中国建设银行贵西贵电支行		开户行	中国建设银行贵西江铜支行

金额	（大写）人民币壹万叁仟肆佰贰拾伍元整	（小写）¥13 425.00
凭证种类	电子转账凭证	凭证号码　000206824811
结算方式	转账	用途　货款

打印柜员：360660450001
打印机构：贵西贵电支行
打印卡号：3606600001001088

打印时间：2019-01-24　11：07：40　　交易柜员：360001450D36　　交易机构：360001450

江西增值税普通发票

No 01402521

3600133620
01402521

开票日期：2019 年 01 月 23 日

密码区：
3*15<27*->532*-536//32<65<*32+6//62<65<*3+5
92+325-616<74>29312-8-35><56>>92+389-658<6
2-055-456<78>89613-8-53><20>+542+365-736<7
18<764>534//33-8-895><126>>37592+147-413<5

购货方	名称：贵西绍军食品有限公司
	纳税人识别号：91360681MA46DHJL28
	地址、电话：贵西市雄石东路21号 0701-3780552
	开户行及账号：中国建设银行贵西贵电支行 3606037805520019

货物或应税劳务、服务名称	规格型号	单位	数量	单价	金额	税率	税额
*劳务*维修费					13 033.98	3%	391.02
合　计					¥13 033.98		¥391.02
价税合计（大写）	壹万叁仟肆佰贰拾伍元整				（小写）¥13 425.00		

销货方	名称：贵西领乐机械有限公司
	纳税人识别号：9136068129008732N
	地址、电话：贵西市冶金大道36号 0701-3780823
	开户行及账号：中国建设银行贵西江铜支行 3606230920081419

收款人：张娜　　复核：李为敏　　开票人：周美眉　　销货单位：(章)

（12）1月24日，用银行存款支付本月水电费10 000元，其中生产车间耗用8 000元，行政管理部门耗用1 200元，销售部门耗用600元。

中国建设银行单位客户专用回单

2019 年 01 月 24 日   流水号：360602145008000010

币别：人民币

付款人	全 称	贵西绍军食品有限公司	收款人	全 称	贵西天诚物业有限公司
	账 号	3606037805520019		账 号	5120289730043629
	开户行	中国建设银行贵西贵电支行		开户行	中国农业银行贵西园区支行

金 额	（大写）人民币壹万元整	（小写）¥ 10 000.00
凭证种类	电子转账凭证	凭证号码　000206824812
结算方式	转账	用　途　水电费

打印柜员：360660450001
打印机构：贵西贵电支行
打印卡号：3606600001001088

（借方回单）

打印时间：2019-01-25 11：07：40　　交易柜员：360001450D36　　交易机构：360001450

贵西绍军食品有限公司水电费分配表

2019 年 01 月 24 日　　　　　　　　　　　单位：元

车间、部门	应分配金额	备注
生产车间耗用水电费	8 000	
行政管理部门耗用水电费	1 200	
销售部门耗用水电费	800	
合　　　　计	10 000	

制表：吴阳　　　　　　复核：王野

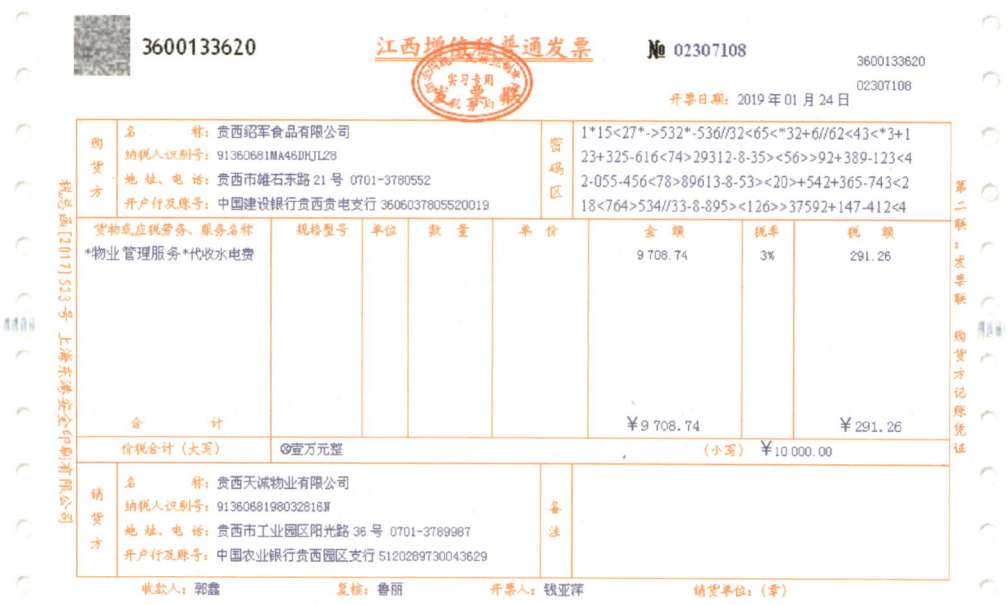

（13）1月31日，按规定计提本月固定资产折旧费5 897.91元，其中生产车间2 375元，公司行政管理1 939.58元，销售部门1 583.33元。

贵西绍军食品有限公司折旧计提表

2019年01月31   单位：元

使用部门	固定资产类别	原值	预计净残值率	预计净残值	预计使用年限	年折旧额	月折旧额
生产车间	机器设备类	300 000.00	5%	15 000.00	10	28 500	2 375.00
行政部门	电子设备类	98 000.00	5%	4 900.00	4	23 275	1 939.58
销售部门	运输设备类	60 000.00	5%	3 000.00	3	19 000	1 583.33
合计						70 775.00	5 897.92

制表：吴阳　　　　复核：王野

（14）1月31日，将本月发生的制造费用按生产工人工资比例分配转入花式面包、趣味面包制造成本。

贵西绍军食品有限公司制造费用分配表

2019年01月31日   单位：元

分配对象	分配标准（生产工时）	分配率	分配金额
生产花式面包	6 000		39 480
生产趣味面包	4 000		26 320
合计	10 000	6.58	65 800

制表：吴阳　　　　复核：王野

附：本月制造费用归集明细账

制造费用明细账

工资	物料消耗	水电费	维修费	折旧费	合计
22 000	20 000	8 000	13 425	2 375	65 800

（15）1月31日，本月花式面包投产2 700件，趣味面包2 800件，月末全部完工入库，结转完工产品生产成本。

贵西绍军食品有限公司产品成本计算单

2019 年 01 月 31 日 单位：元

成本项目 产品名称	完工产品产量	完工产品总成本					完工产品单位成本
		直接材料	直接人工	制造费用	合计	
花式面包	2 700	311 000	54 520	39 480	405 000	150
趣味面包	2 800	214 300	39 180	26 520	280 000	100
备 注	完工产品单位成本保留两位小数。 本月投产产品本月全部完工，月末没有在产品。					

制表：吴阳　　　　复核：王野

贵西绍军食品有限公司产品入库单

验收部门：仓库部　　　　2019 年 01 月 31 日　　　　No 01901001

产品名称	单位	交库数量	实收数量	单位成本	总成本	备 注
花式面包	件	2 700	2 700			
趣味面包	件	2 800	2 800			
合 计						

第三联 财务联

交货人：夏雨　　会计：吴阳　　仓管：李庆　　签收人：王小英

4.销售过程发生的交易或事项。

（16）1月4日，销售给一般纳税人厦门领航商贸有限公司花式面包1 000件，单价180元，计180 000元；增值税28 800元。产品已发出，货款尚未收到。

江西增值税专用发票

No 00764414

开票日期：2019年01月04日

购货方		
名称	厦门领航商贸有限公司	
纳税人识别号	91350203B36907261R	
地址、电话	厦门市思明区湖滨东路2号 0592-5850800	
开户行及账号	中国建设银行厦门金榜支行 3510151700101326	

密码区：
2*47<54*->567*-536//32<65<*32+6//32<65<*3+5
12+325-986<74>29312-8-35><56>>92+389-498<2
2-055-456<78>82113-8-53><20>+892+365-896<5
18<764>534//33-8-895><126>>37592+147-413<9

货物或应税劳务、服务名称	规格型号	单位	数量	单价	金额	税率	税额
*焙烤食品*花式面包		件	1 000	180	180 000.00	16%	28 800.00
合　　　计					￥180 000.00		￥28 800.00
价税合计（大写）	⊗贰拾万捌仟捌佰圆整				（小写） ￥208 800.00		

销货方		
名称	贵西绍军食品有限公司	
纳税人识别号	91360681MA46DHJL28	
地址、电话	贵西市雄石东路21号 0701-3780552	
开户行及账号	中国建设银行贵西贵电支行 3606037805520019	

收款人：叶敏　　复核：王野　　开票人：吴阳　　销货单位：（章）

第一联：记账联 销货方记账凭证

贵西绍军食品有限公司出库单

提货部门：销售部　　发货部门：仓库部　　2019年01月4日　　No 01901001

产品名称	规格	单位	应发数量	实发数量	单价	金额	备注
花式面包		件	1000	1000			
合　计							

销售经理：廖岩　　会计：吴阳　　仓管：夏细玲　　经办人：郭聘

第三联　财务联

（17）1月14日，销售给小规模纳税人大连创课商贸有限公司趣味面包，600件，单价120元，计72 000元，增值税12 240元，产品已发出，货款已收到存入银行。

江西增值税普通发票

No 00627226
3600133620
00627226
开票日期：2019年01月14日

购货方	名　称：大连创课商贸有限公司 纳税人识别号：91210200MA0QDPMF29 地　址、电　话：大连市高新园区黄浦路596号 0411-62669520 开户行及账号：中国建设银行大连高新园区支行 4119057917108212	密码区	2*47<54*->567*-536//32<65<*32+6//32<65<*3+1 12+325-986<74>29312-8-35><56>>92+389-498<3 2-055-456<78>82113-8-53><20>+892+365-896<4 18<764>534//33-8-895><126>>37592+147-413<8

货物或应税劳务、服务名称	规格型号	单位	数量	单价	金额	税率	税额
*焙烤食品*趣味面包		件	600	120	72 000.00	18%	11 520.00
合　　计					¥72 000.00		¥11 520.00
价税合计（大写）	⊗捌万叁仟伍佰贰拾圆整				（小写）¥83 520.00		

销货方	名　称：贵西绍军食品有限公司 纳税人识别号：913606681MA48DKJL28 地　址、电　话：贵西市雄石东路21号 0701-3780552 开户行及账号：中国建设银行贵西贵电支行 3606037805520019	备注	

收款人：叶敏　　复核：王野　　开票人：吴阳　　销货单位：（章）

贵西绍军食品有限公司出库单

提货部门：销售部　　发货部门：仓库部　　2019年01月14日　　No 1901002

产品名称	规格	单位	应发数量	实发数量	单价	金额	备注
趣味面包		件	600	600			
合计							

销售经理：廖岩　　会计：吴阳　　仓管：夏细玲　　经办人：郭聃

中国建设银行单位客户专用回单

币别：人民币　　2019年01月14日　　流水号：3606021450080000001

付款人	全　称	大连创课商贸有限公司	收款人	全　称	贵西绍军食品有限公司
	账　号	3510151700101326		账　号	3606037805520019
	开户行	中国建设银行大连高新园区支行		开户行	中国建设银行贵西贵电支行

金　额	（大写）人民币捌万叁仟伍佰贰拾元整	（小写）¥83 520.00
凭证种类	电子转账凭证	凭证号码 000206824814
结算方式	转账	用途 货款

打印柜员：360660450001
打印机构：贵西贵电支行
打印卡号：3606600001001088

打印时间：2019-01-15 11：07：40　　交易柜员：360001450D36　　交易机构：360001450

（18）1月17日，销售给一般纳税人广西新千年食品有限公司出售面包辅料500千克，单价22元，销售价款为11 000元，增值税1 760元，产品已发出，货款12 760元以现金方式收讫。

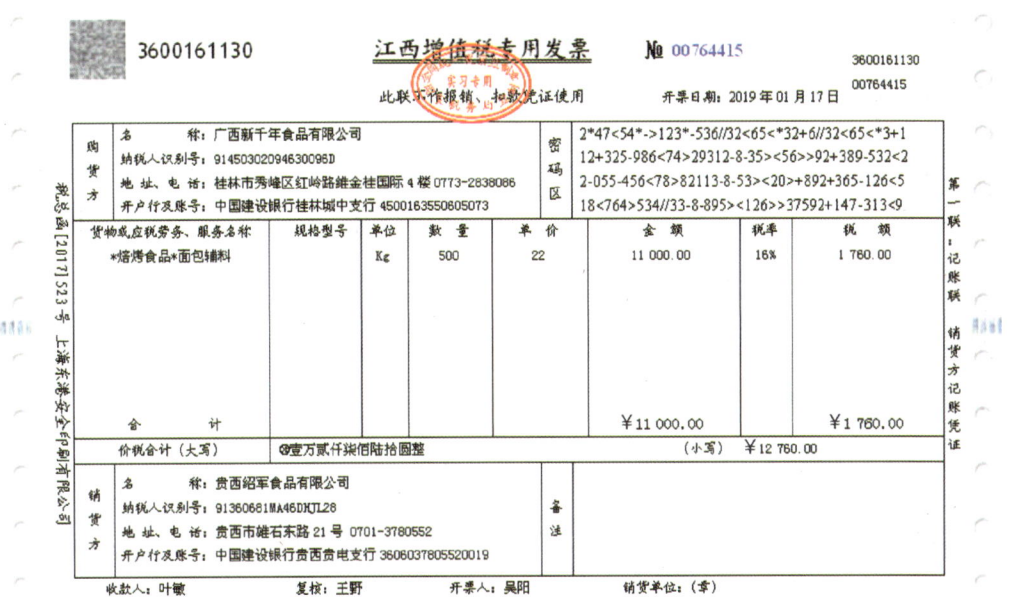

（19）1月17日，将现金12760元送存银行。

中国建设银行 现金交款单

币别：人民币　　　　　2019年01月17日　　　　流水号：360602145008000018

单位填写	收款单位	贵西绍军食品有限公司	交款人	叶敏									
	账号	3606037805520019	款项来源	销售货款									
					千	百	十	万	千	百	十	元	角	分
	（大写）壹万贰仟柒佰陆拾元整				¥			1	2	7	6	0	0	0

银行确认栏：
收款人账号：3606037805520019
授款人户名：贵西绍军食品有限公司
交款人名称：叶敏
交易码　　收付　　金额
110201　　收　　12 870.00　　付出金额：0.00
收入金额：12 870.00
实收金额：12 870.00
交易日期：2019年01月17日　　现金回单（无银行打印记录及银行签章此单无效）

授权　黄媚　　　复核　　　　录入　陈洋　　出纳

（20）1月18日，收到厦门领航商贸有限公司货款208 800元

中国建设银行单位客户专用回单

币别：人民币　　　　　2019年01月14日　　　　流水号：360602145008000021

付款人	全称	厦门领航商贸有限公司	收款人	全称	贵西绍军食品有限公司
	账号	4119057917108212		账号	3606037805520019
	开户行	中国建设银行厦门金榜支行		开户行	中国建设银行贵西贵电支行
金额		（大写）人民币贰拾万捌仟捌佰元整		（小写）¥208 800.00	
凭证种类		电子转账凭证	凭证号码	000206824816	
结算方式		转账	用途	货款	

打印柜员：360660450001
打印机构：贵西贵电支行
打印卡号：3606600001001088

打印时间：2019-01-15　11：07：40　交易柜员：360001450D36　交易机构：360001450

（21）1月31日，按月末一次加权平均单价计算结转本月已售产品的销售成本。

贵西绍军食品有限公司销售产品单位成本计算表

2019 年 01 月 31 日　　　　　　　　　　　　单位：元

商品名称	期初库存		本期购入		加权平均单位成本	本月销售	
	数量	总金额	数量	总金额		数量	总金额
花式面包	10 000	1 500 000	2700	405 000	150	1 000	150 000
趣味面包	8 000	800 000	2800	280 000	100	600	60 000
合　计							

制单：吴阳　　复核：王野

（22）1月31日，按月末一次加权平均单价计算结转本月已销售面包辅料的成本。

贵西绍军食品有限公司销售材料单位成本计算表

2019 年 01 月 31 日　　　　　　　　　　　　单位：元

商品名称	期初库存		本期购入		加权平均单位成本	本月销售	
	数量	总金额	数量	总金额		数量	总金额
面包辅料	4 500	90 000	1 000	20 000	20	500	10 000
合　计							

制单：吴阳　　复核：王野

5.财务成果形成与分配过程发生的交易或事项

（23）1月4日，签发现金支票，从银行提取现金5 000元备用。

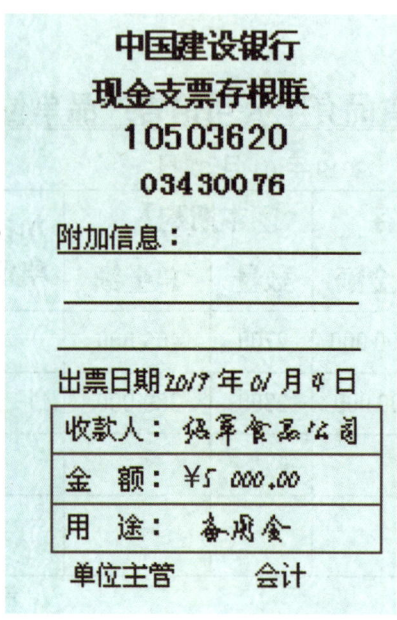

（24）1月6日，行政管理部门采购人员廖岩出差，预借差旅费3 000元，以现金付讫。

借 款 单

资金性质 现金　　　　　　　　　　　　　　　　2019 年 1 月 6 日

借款部门	贵西组军食品有限公司 行政部	
借款理由	去广州出差借支差旅费	
借款金额	人民币（大写）叁仟元整	￥3 000.00
本单位负责人意见		借款人（签章） 宋小菊
领导批示： 同意支付！谢军	会计主管人员核批： 王野	付款记录： 　　年　月　日以第　号 叶敬 支票或现金支出凭单付给

现金付讫

（25）1月10日，廖岩差回来，报销差旅费2 200元，退回现金800元。

差旅费报销单

2019 年 1 月 10 日　　　　单据及附件共 8 张

姓名		宋小菊	所属部门	行政部	出差事由	考察	
出发		到达		起止地点	交通费	住宿费	伙食费	其他
月	日	月	日					
12	7	12	8	鹰潭市——惠州市	400.00			
12	8	12	9	惠州市——惠州市	60.00	520.00	1 400.00	
12	9	12	10	惠州市——鹰潭市	420.00			
小　计					¥880.00	¥520.00	¥1 400.00	
合　计				人民币（大写）贰仟捌佰元整	¥: 2 800.00			
预支差旅费				¥: 3 000.00	退回金额	¥: 200.00	补付金额	¥:

总经理：谢军　财务经理：王梓　会计：吴问　出纳：叶然　部门经理：戴勇　报销人：宋小菊

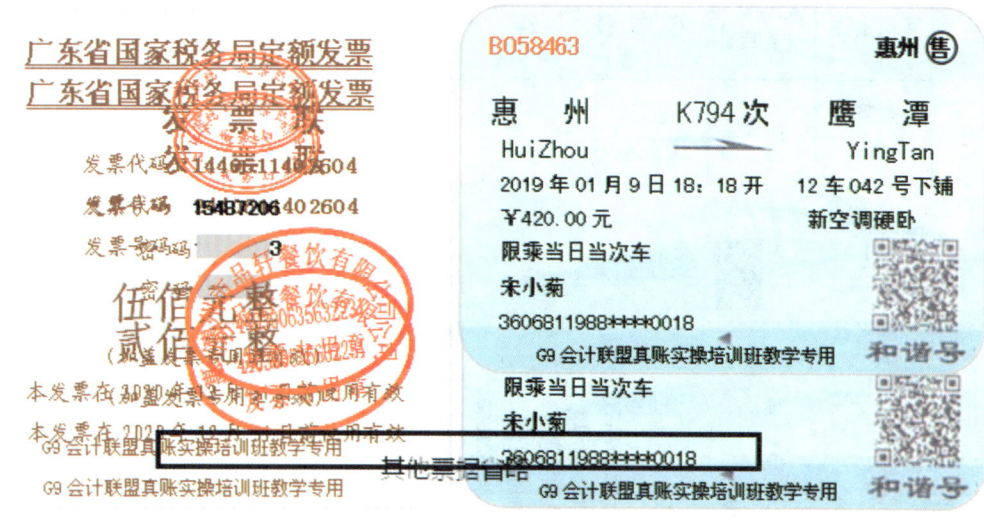

收款收据

入账时间 2019 年 1 月 10 日　　№ 025201　②财务记账联

交款单位：宋小菊　　　　　收款方式：现金

人民币（大写）贰佰元整　　　　　￥ 200.00

收款事由：报销差旅费多余款退回

收款单位（盖章有效）

财务：吴阳　　经手人：叶敏

（26）1月13日，以现金购买办公用品800元。

费用报销单

2019 年 1 月 13 日　　单据及附件共 1 张

报销部门	采购部	报销人姓名	周燕
支付原因	报销采购行政部门办公用品		
实付金额	人民币（大写）⊗万 ⊗仟 捌佰 零拾 零元 零角 零分		￥200.00

财务负责人	部门负责人	出纳	报销人
王野	张洪	叶敏	周燕

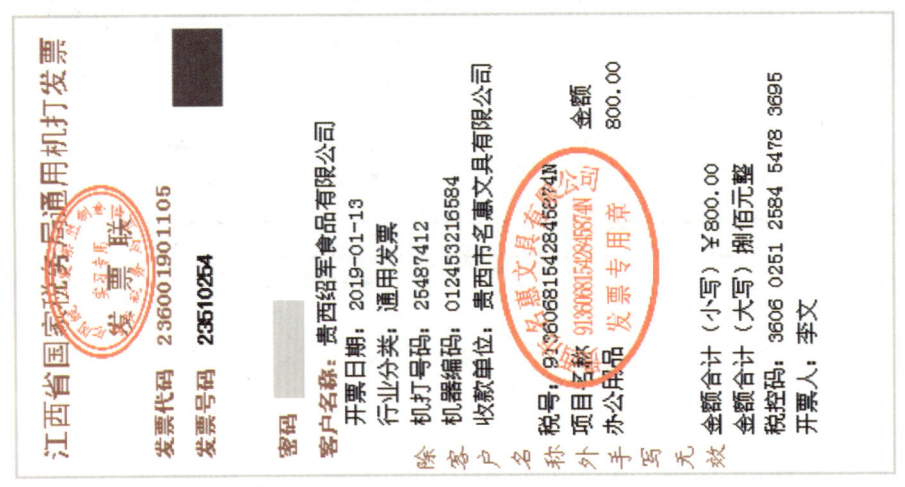

（27）1月16日，以现金支付广告费2 000元。

费用报销单

2019年1月16日　　　　单据及附件共 1 张

报销部门	销售部	报销人姓名	刘伟
支付原因	报销广告费		
实付金额	人民币（大写）⊗万 贰仟 零佰 零拾 零元 零角 零分　¥：2 000.00		
财务负责人	王轩	部门负责人	廖岩	出纳	叶敏	报销人	刘伟

（现金付讫）

江西增值税普通发票　No 00664875

发票代码：3600161320
发票号码：00664875
开票日期：2019年01月16日

| 购买方 | 名称：贵西绍军食品有限公司
纳税人识别号：91380681MA46DHJL28
地址、电话：贵西市雄石东路21号 0701-3780552
开户行及账号：中国建设银行贵西贵电支行 3606037805520019 | 密码区 | 1*13<27*->517*-546//32<65<*32+6//32<65<*3+7
12+325-616<74>29312-8-35><56>>92+389-658<4
1-055-456<78>89613-8-53><20>+892+365-736<1
18<764>534//33-8-895><126>>37592+147-413<5 |

货物或应税劳务、服务名称	规格型号	单位	数量	单价	金额	税率	税额
*广告服务*广告费					1 941.75	3%	58.25
合　计					¥1 941.75		¥58.25

价税合计（大写）⊗贰仟元整　　（小写）¥2 000.00

| 销售方 | 名称：贵西市理想广告有限公司
纳税人识别号：91360681125874561N
地址、电话：贵西市沿河路28号 0701-3317459
开户行及账号：中国建设银行贵西贵电支行 3606125450021548 | 备注 | （发票专用章） |

收款人：李想　　复核：张峰　　开票人：谢琪　　销货单位：（章）

（28）1月21日，银行扣款支付手续费30元。

中国建设银行单位客户专用回单

中国建设银行
China Construction Bank

币别：人民币　　　2019年01月21日　　　流水号：360602145008000023

户名：	贵西绍军食品有限公司	账号：3606037805520019	
项目名称	工本费/手续费/电子汇划费		金额
	30.00		￥30.00
合计金额	（大写）人民币叁拾元整		￥30.00

付款方式：转账
业务类型：企业网银结算费

打印柜员：360660450001
打印机构：贵西贵电支行
打印卡号：3606600001001088

（电子回单专用章）

打印时间：2019-01-22　11：07：49　　交易柜员：360001450D36　　交易机构：360001450

（29）1月31日，结转未交增值税3 410元。

应交增值税计算表

2019年01月31日　　　　　　　　　　　　　　　单位：元

序号	项　目	计算公式	借方金额	贷方金额
1	期初留抵扣税额			
2	销项税额专栏本月发生额			42 080.00
3	进项税额专栏本月发生额	6=2-1-3-4+5	38 670	
4	减免税额专栏本月发生额			
5	进项税额转出专栏本月发生额			
6	期末留抵扣税额（未交增值税税额）			3 410.00

复核：王野　　　　　　　　　　　制单：吴阳

（30）1月31日，按本月应交纳的增值税，分别按7%和3%，2%计算产品应交纳的城市维护建设税238.70元，教育费附加102.30元，地方教育费附加68.20元。

增值税附加税费计提表

2019年01月31日　　　　　　　　　　　　　　单位：元

应交税费明细项目	计税依据	金额	税率	应纳税额	备注
城市维护建设税	增值税附加	3 410.00	7%	238.70	
教育费附加	增值税附加	3 410.00	3%	102.30	
地方教育费附加	增值税附加	3 410.00	2%	68.20	
合　计				409.20	

复核：王野　　　　　　制单：吴阳

（31）1月31日，结转有关损益类账户，计算本月实现利润总额。

当期损益计算表

2019年01月31日　　　　　　　　　　　　　　单位：元

收入类科目	本月发生额	费用类科目	本月发生额
主营业务收入	252 000.00	主营业务成本	210 000.00
其他业务收入	11 000.00	其他业务成本	10 000.00
营业外收入		税金及附加	409.20
投资收益		管理费用	25 139.58
		销售费用	15 883.33
		财务费用	30.00
		资产减值损失	
		营业外支出	
合　计	263 000.00	合　计	261 462.11
当期损益（利润为正，亏损为负）			1 537.89

复核：王野　　　　　　制单：吴阳

二、记账凭证的填制实训要求

请根据上述贵西绍军食品有限公司2019年1月份所发生的经济业务的原始凭证，编制记账凭证。

说明：经济业务已经按业务类型分类，这样设计方便初学会计者更好熟悉经济业务，专用记账凭证在实际工作用得比较少，实训者也可以根据需要自行选择通用记账凭证。记账凭证编号按经济业务发生日期的先后顺序编写（即先按业务类型填制记账凭证，暂时先不编号，等所有记账凭证填写完毕后，统一按日期先后顺序编制记账凭证编号）。

任务二　记账凭证的审核

记账凭证是账簿登记的直接依据，对记账凭证进行审核，可以确保账簿记录和报表内容真实、准确，保证会计核算的质量；另外，由于记账凭证是根据审核无误的原始凭证填制的，对记账凭证进行审核，也是对原始凭证的复核，要切实做到证证相符。

一、记账凭证的审核要点

1. 填制依据的真实性。

记账凭证必须附有原始凭证（特殊情况除外），审核所附原始凭证是否手续健全符合规定，记账凭证的内容与所附原始凭证的内容是否一致；汇总原始凭证的内容是否与记账凭证的内容一致。

2. 填写项目的齐全性。

审核记账凭证的各项目是否填写齐全，如填制凭证的日期、摘要、会计科目的名称、金额、凭证编号、附件数、有关人员签章等。

3. 使用会计科目的正确性。

填写总账科目、明细科目必须准确，其名称要用全称而且保持前后一致，以保证登记账簿的正确。

4. 金额计算的正确性。

审核反映经济业务内容的计量单位、数量、单价，计算其金额；加计各项经济业务的金额，审核其汇总金额。

5. 书写的清晰性。

凭证的文字和数字，除复写凭证外按规定使用蓝或黑色墨水的钢笔书写。书写要正确、清晰，不能污染、抹擦、刀刮和挖补。

二、记账凭证的审核实训资料

1. 2019年1月14日，收回厦门领航商贸有限公司偿还前欠货款208 800元，款项已存入银行。（附原始凭证：银行收款回单）

中国建设银行单位客户专用回单

币别：人民币　　　　2019 年 01 月 14 日　　　　流水号：360602145008000021

付款人	全称	厦门领航商贸有限公司	收款人	全称	贵西绍军食品有限公司
	账号	4119057917108212		账号	3606037805520019
	开户行	中国建设银行厦门金榜支行		开户行	中国建设银行贵西贵电支行

金额	（大写）人民币贰拾万捌仟捌佰元整	（小写）￥208 800.00
凭证种类	电子转账凭证	凭证号码　000206824816
结算方式	转账	用途　货款

打印柜员：360660450001
打印机构：贵西贵电支行
打印卡号：3606600001001088

（贷方回单）

打印时间：2019-01-15　11：07：40　　　交易柜员：360001450D36　　　交易机构：360001450

收款凭证

借方科目：银行存款　　　2019 年 1 月 14 日　　　记字第 1 号

摘要	贷方总账科目	明细科目	√	金额
收到货款	应收账款	厦门领航公司		208800.00
合计				208800.00

财务主管　　　记账　　　出纳　　　审核　　　制单 吴阳

审核意见：

2. 2019年1月13日，现金支付办公费800元。（附原始凭证：费用报销单、增值税机打发票）

费用报销单

2019年1月13日　　　　单据及附件共　1　张

报销部门	采购部	报销人姓名	周燕
支付原因	报销采购行政部门办公用品		
实付金额	人民币（大写）⊗万⊗仟 捌佰 零拾 零元 零角 零分		¥：800.00

财务负责人	王野	部门负责人	张洪	出纳	叶歆	报销人	周燕

（现金付讫）

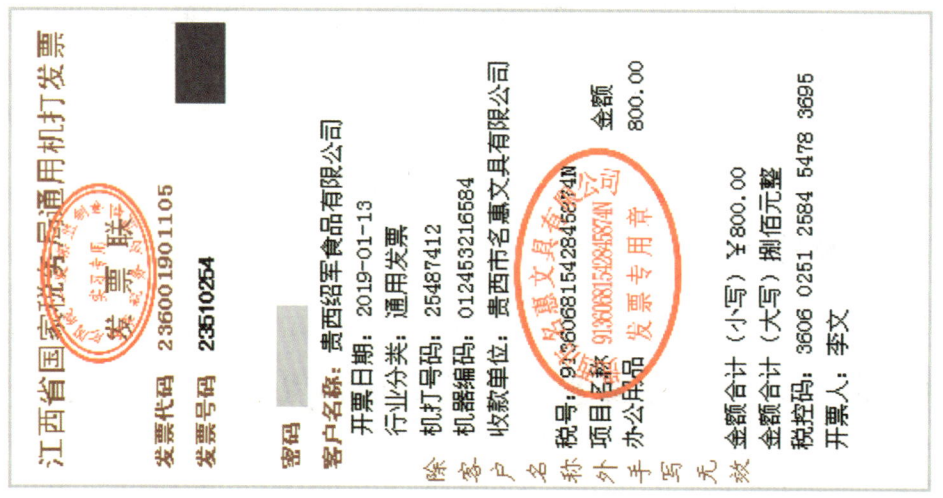

付款凭证

贷方科目　库存现金　　2019年1月13日　　付字第001号

摘要	借方总账科目	明细科目	√	金额（千百十万千百十元角分）	附单据
购买办公用品	管理费用			80000	1张
合计				80000	

财务主管　　记账　　出纳　　审核　　制单

审核意见：

3. 2019年1月16日，生产车间一般性耗用领用面包辅料20000元。（附原始凭证：领料单）

贵西绍军食品有限公司领料单

领料部门：生产部　　领料用途：一般性耗用　　2019年01月16日　　No 01901003

存货名称	规格	单位	请领数量	实发数量	单价	金额
面包辅料		克	1000	1000	20.00	20 000.00
合计						20 000.00

第三联　财务联

领料部门负责人：陈青　　会计：吴阳　　发料人：夏细玲　　领料人：毛容

转 账 凭 证

2019年 1 月 16 日　　　　字第　号

摘要	总账科目	明细科目	√	借方金额 千百十万千百十元角分	√	贷方金额 千百十万千百十元角分
生产领用材料	原材料	面包辅料				2000000
	生产成本			2000000		
合计				¥2000000		¥2000000

财务主管　　记账　　出纳　　审核　　制单 吴阳

附单据　张

审核意见：

三、记账凭证的审核实训要求

请根据上述贵西绍军食品有限公司2019年1月份发生的经济业务，按要求审核相关的记账凭证，指出存在的错误。

任务三　会计凭证的装订

一、会计凭证的装订实训指导

会计凭证装订是指将单据、票证等整理成册加工过程的总称，由于会计凭证是重要的会计资料，在会计核算当期和以后相当长一段时间内，企业内部和有关经济监督部门在审查会计经济业务时，都需要不断地翻阅，所以会计凭证要长时间保存得好，各方面查阅起来方便的话，必须装订成册。

会计凭证装订也是会计核算工作的组成部分之一，也是会计人员应掌握的一项基本技能。记账凭证一般由会计人员每月装订一次，并把装订好的凭证按年分月妥善保管归档。

（一）会计凭证装订前的准备工作

1. 做好装订工具与素材的配备。

在凭证装订时需准备剪刀1把，装订线若干，装订针1枚，装订机1台；胶水1瓶，装订台1张，美工刀1把，鱼尾夹2只；凭证装订封面1套，包角纸，凭证档案盒，印鉴等装订工具和素材。

2. 做好记账凭证附件整理工作。

有些企业在编制记账凭证的同时就随手把附件整理好，也有些企业平时在编制记账凭证时，把附件先用大头针或回形针夹在记账凭证后面，待装订时再来按规范整理附件，在使用角订法装订凭证时，其附件整理一般以左上角对齐为准，按"大折叠，小粘贴"的原则进行整理。

3. 做好装订前的检查和准备工作。

（1）将会计凭证按顺序排列放在工作台上，检查记账凭证是否分月按数字的正常顺序连续编号(如记1号、记2号、记3号……)，是否有跳号或重号现象。

（2）整理检查记账凭证顺序号，如有颠倒须重新排列，发现缺号需查明原因后，再检查附件有否漏缺，领料单、入库单、工资单等是否随附齐全，检查记账凭证上有关人员(如财务主管、复核、记账、制单等)的印章是否齐全等，然后按小号在上，大号在下的顺序摆好。

（3）在采用科目汇总表会计核算形式的企业，要将科目汇总表及T型账户表装订进去，这样便于日后快速查找某笔凭证，一般放在记账凭证最前面。

（4）以左上角对齐为准，先用夹子固定已经按顺序摆好的记账凭证，然后再摘除平时固定记账凭证附件的大头针或回形针，如果凭证附件在平时已经使用胶水粘贴没有使用回形针固定该步骤则不需要进行处理。

（5）通过设计后，看每月的会计凭证可以装订为几册，防止厚薄不均，造成不美观，厚度在1.7厘米左右为宜，但不得超过2厘米。

（二）会计凭证装订的方法

1. 从装订方向上来讲：会计凭证装订的方法有左边装订线处装订法（侧订法）和左上角包角装订法（角订法）(如图3-1、图3-2所示)，在实际工作中采用角订法装订出来的凭证比较方便、美观，所以该种方法在企业使用比较多。至于选择哪种方法装订会计凭证可谓仁者见仁、智者见智，一般取决于各位财会工作者的习惯即可，没有对错之分。

角订法

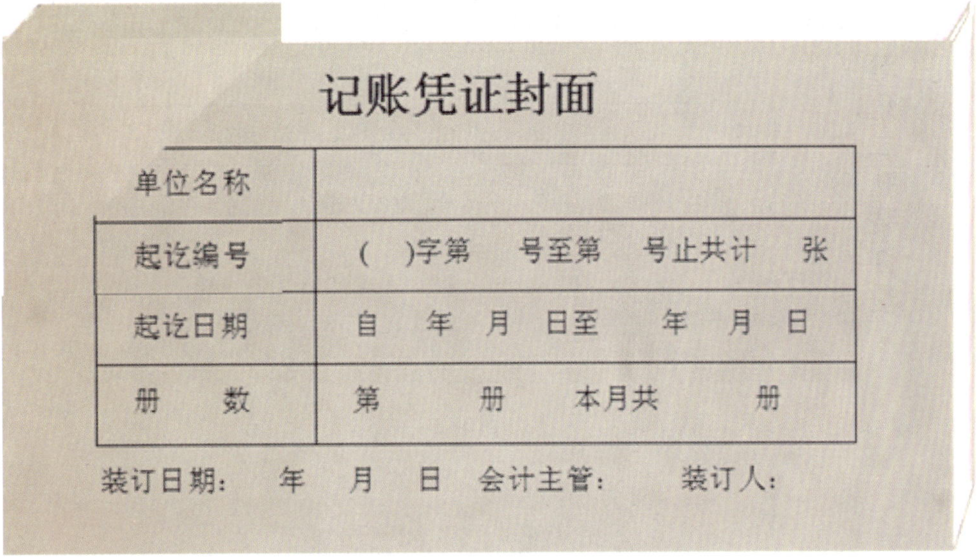

记账凭证封面

单位名称	
起讫编号	（　）字第　号至第　号止共计　张
起讫日期	自　年　月　日至　年　月　日
册　　数	第　册　本月共　册

装订日期：　年　月　日　会计主管：　　装订人：

图3-1

侧订法

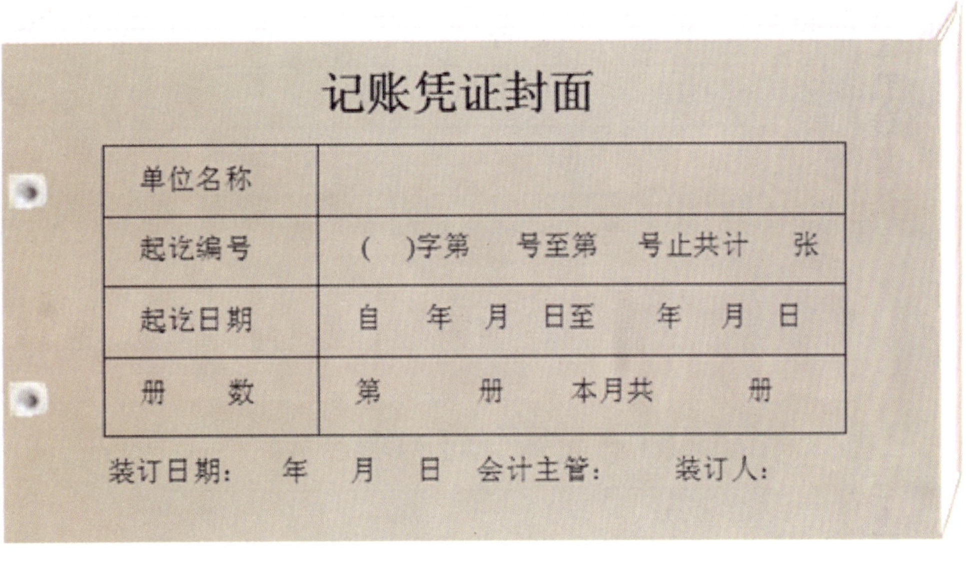

记账凭证封面

单位名称	
起讫编号	（　）字第　号至第　号止共计　张
起讫日期	自　年　月　日至　年　月　日
册　　数	第　册　本月共　册

装订日期：　年　月　日　会计主管：　　装订人：

图3-2

2.从打孔多少来讲：会计凭证装订的方法有对角二孔装订法、侧边二孔装订法、左上角二孔装订法、左上角三孔装订法等（如图3-3、图3-4、图3-5、图3-6所示），在实际工作中采用左上角二孔装订法装订凭证比较方便，所以该种方法在企业使用比较多。

图3-3

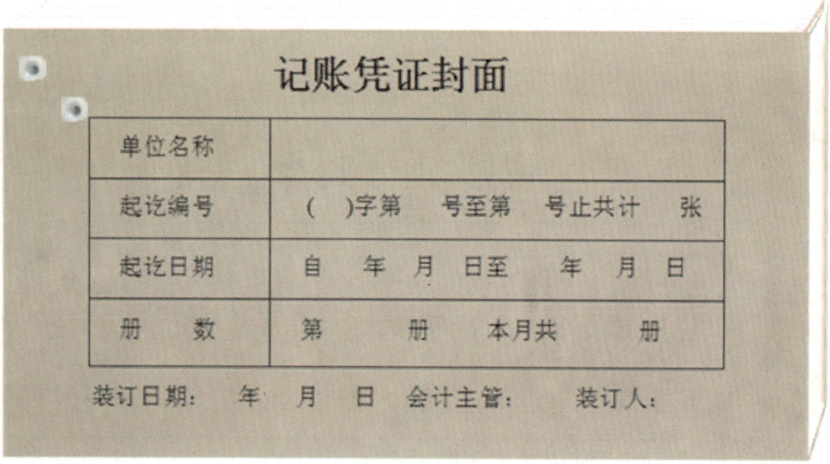

图3-4

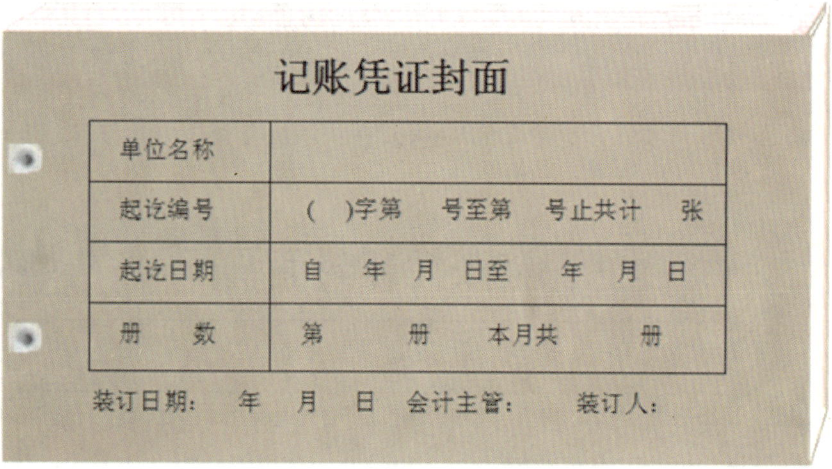

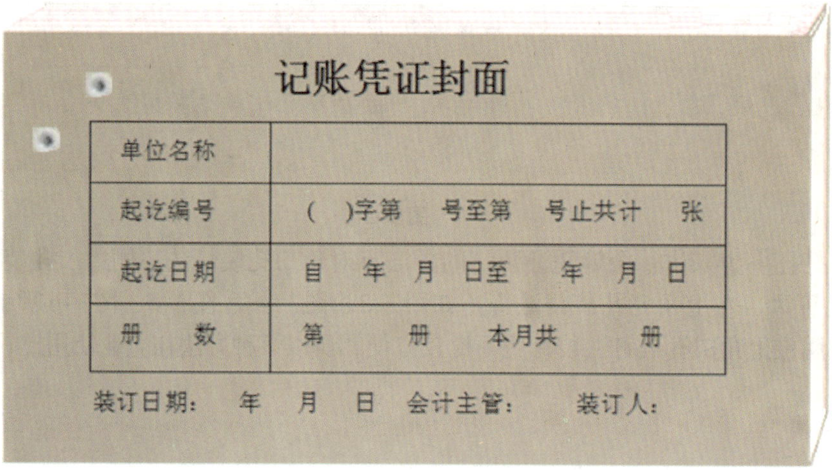

图3-5

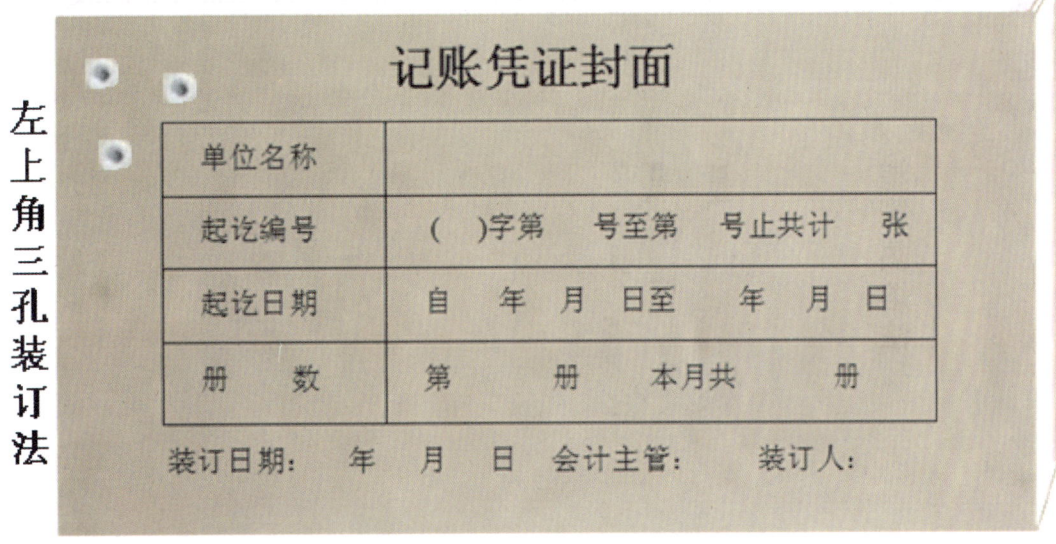

图3-6

3.从使用工具来讲,会计凭证装订的方法有打孔线装法、装订机钉装法、塑管热熔法等(如图3-7、图3-8所示),在实际工作中采用打孔线装法比较常见,对于凭证比较多的单位为了减轻凭证装订的工作量可以采用塑管热熔法。

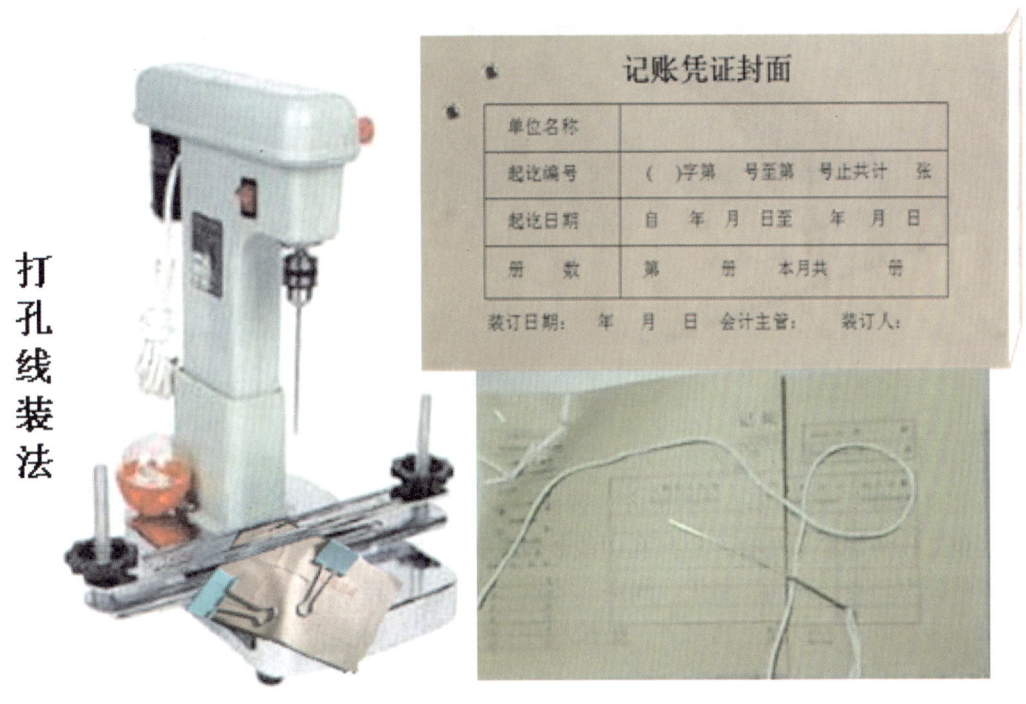

图3-7

· 69 ·

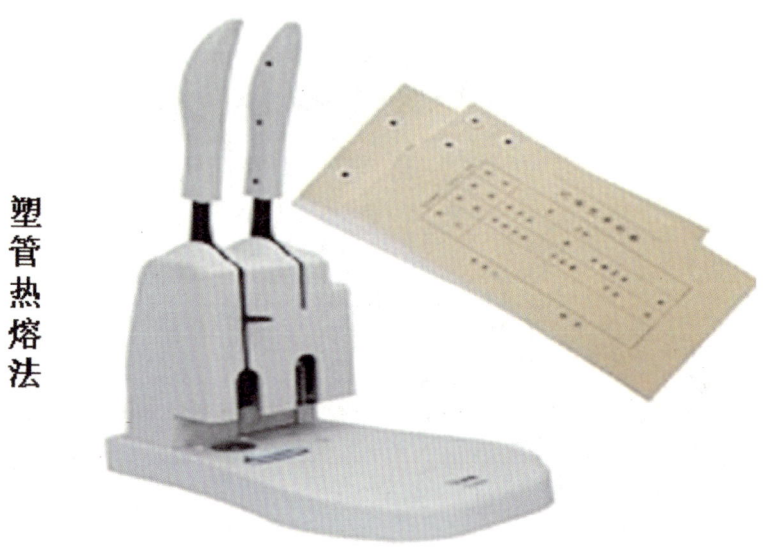

塑管热熔法

图3-8

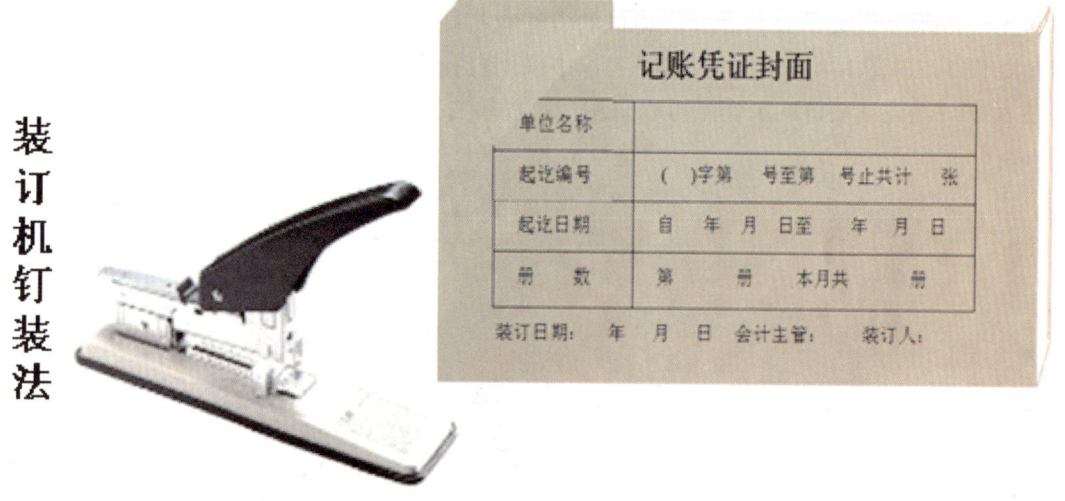

装订机钉装法

图3-9

（三）会计凭证装订的步骤

在装订记账凭证时应以"四边齐、表面平、无凹凸、书本型"为标准进行装订，下面以左上角二孔角订法采用打孔机打孔用线装订凭证为例进行分解凭证装订的实际操作步骤。具体步骤分为码齐、附面、贴角、固定、节点、打孔、穿线、包角、签章、归档等10步。

第一步：码齐，以左上角对齐，把按顺序整理好的记证凭证码齐（如图3-10所示）。

码齐

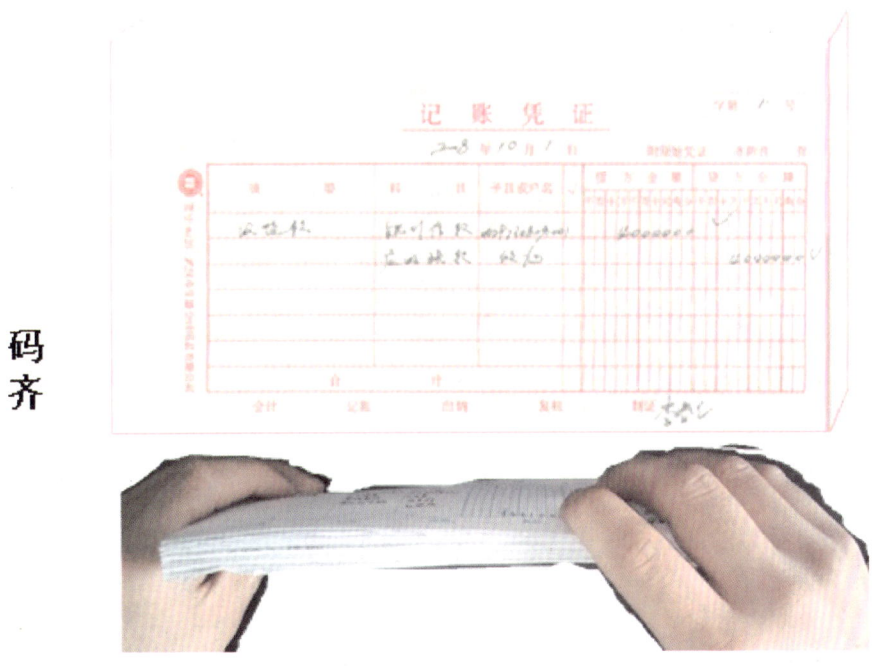

图 3-10

第二步：附面，将凭证封皮和封底裁开，分别附在凭证前面和后面（如图 3-11 所示）。

附面

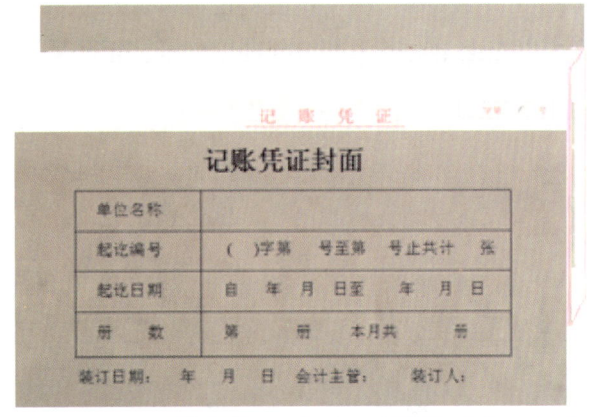

图 3-11

第三步：贴角。

首先，准备包角纸，包角纸可以使用财会用品店购买的专用包角纸也可以自己裁剪包角纸，实际工作中会计自己裁剪包角纸可以使用凭证封面，以凭证封面宽度的尺寸大小为准裁剪成一个正方形做包角纸。

其次，再以左上角对齐为准，把准备好的包角纸粘贴在凭证封面的左上角（如图3-12所示）。

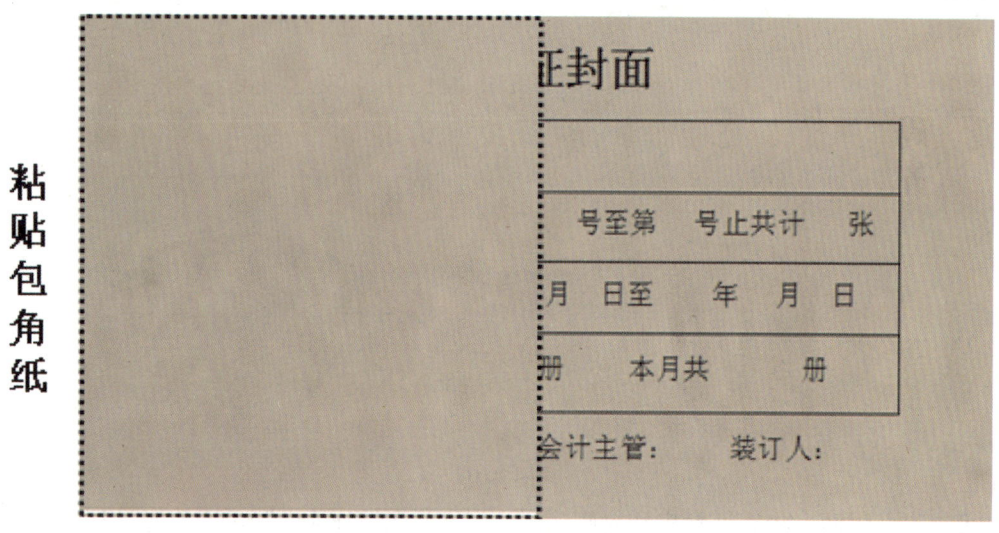

图3-12

第四步：固定，以左上角对齐为准，分别用夹子在记账凭证左边和上边对记账凭证进行固定（如图3-13所示）。

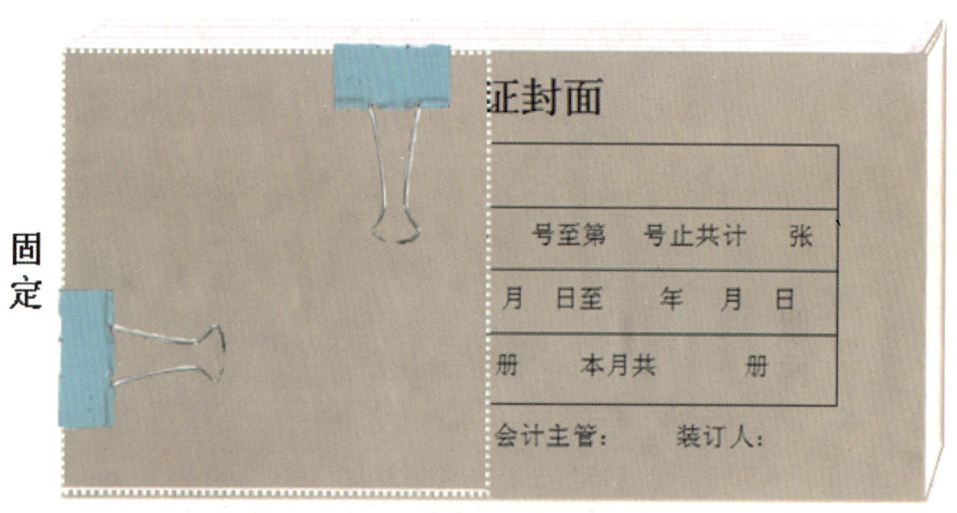

图3-13

第五步：节点，在凭证封面左上角的包角纸上进行节点，确定打孔位置（如图3-14所示）。

按左上角二孔装订法要求在凭证封面左上角的包角纸上，画一底边长为5厘米的等腰三角形，然后在三角形底边1.5厘米、3厘米处节点，确定为打孔位置。（此处节点应该根据记账凭证的大小来确定，如果规格为A5大小的记账凭证，节点则应适当放大一些，具体视情况而定）。

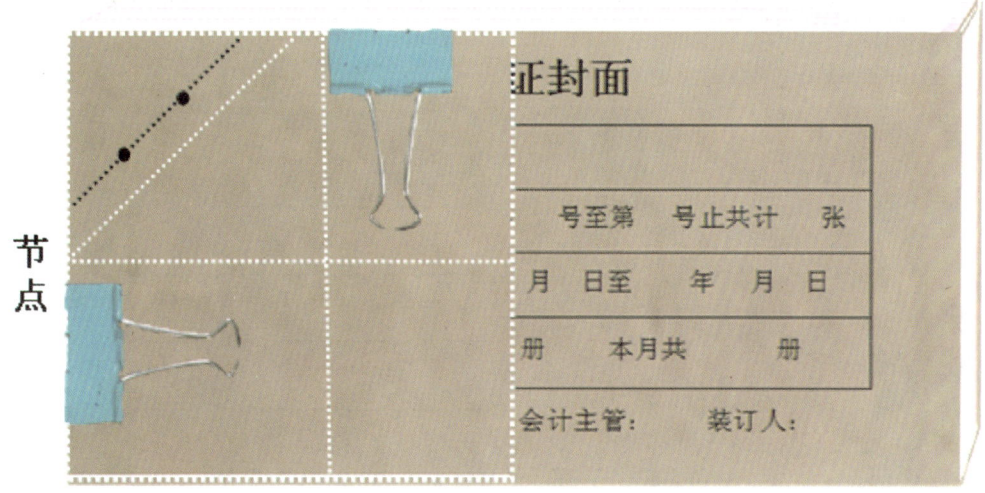

图3-14

第六步：打孔，使用凭证装订机在节点处进行打孔（如图3-15所示）。

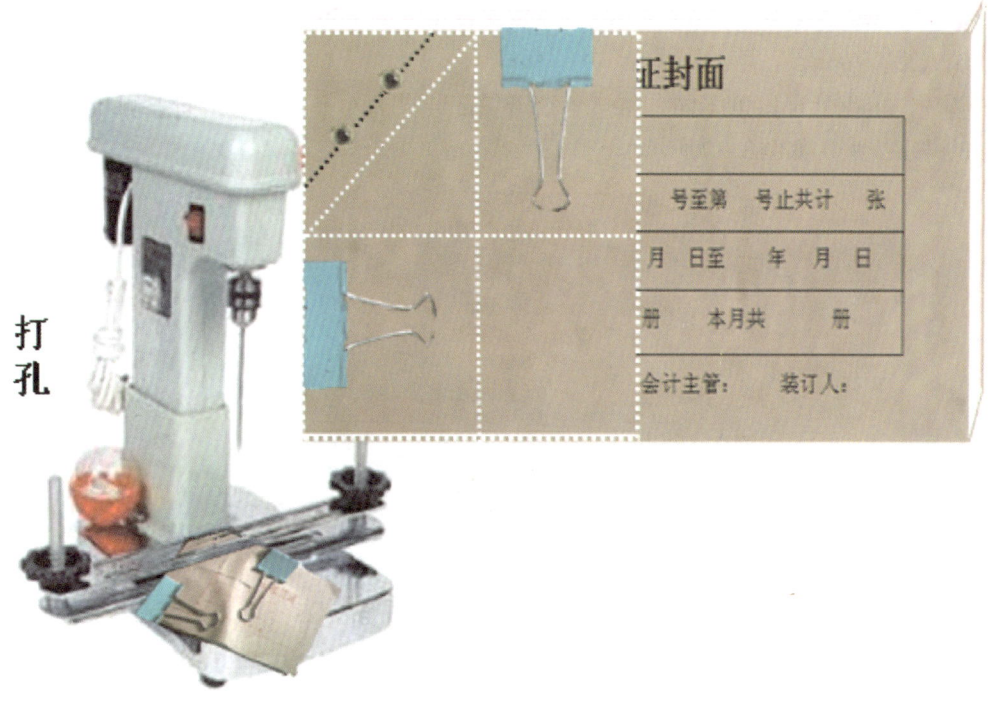

图3-15

第七步：穿线，用锥子或大鼻针，按照所节点进行穿线把记账凭证进行固定（如图3-16所示）。

首先，从背面右上方孔开始向正面串，线头留长些方便后面打结。

其次，从正面上侧边绕过凭证后再入上孔，随后从背面串入该孔往上引出线。

再次,把引出的线让它从左下方孔的正面向后面串,并绕过左侧边后再从该孔往后面引线。

最后,把最后一次引出的线和之前留的线头进行打结固定,剪去多余的线头,并给将线头塞入孔中。

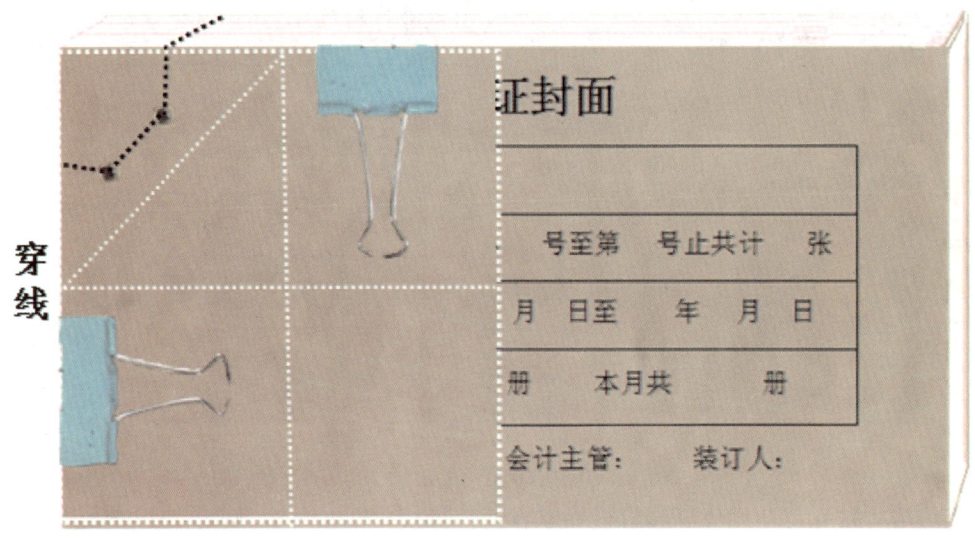

图 3-16

第八步:包角。

首先,根据凭证厚度不同,将包角纸沿凭证装订的左上角位置,向上侧和左侧折叠出清晰的井字折痕(如图 3-17 所示)。

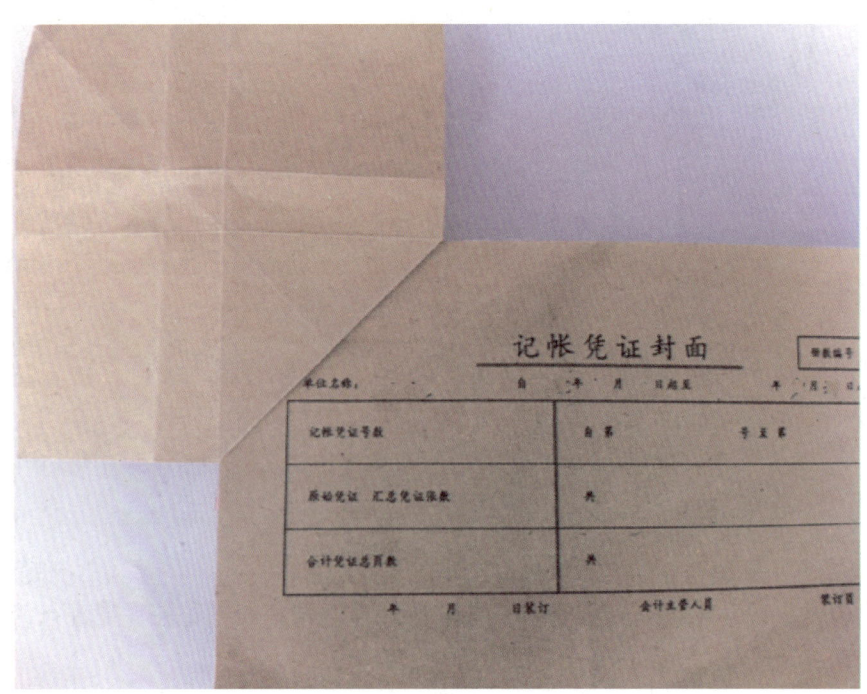

图 3-17

其次，用剪刀沿包角纸井字最左侧折痕剪至最右侧折痕交汇点，然后从上面往下剪至最上侧折痕交汇点（如图3-18所示）。

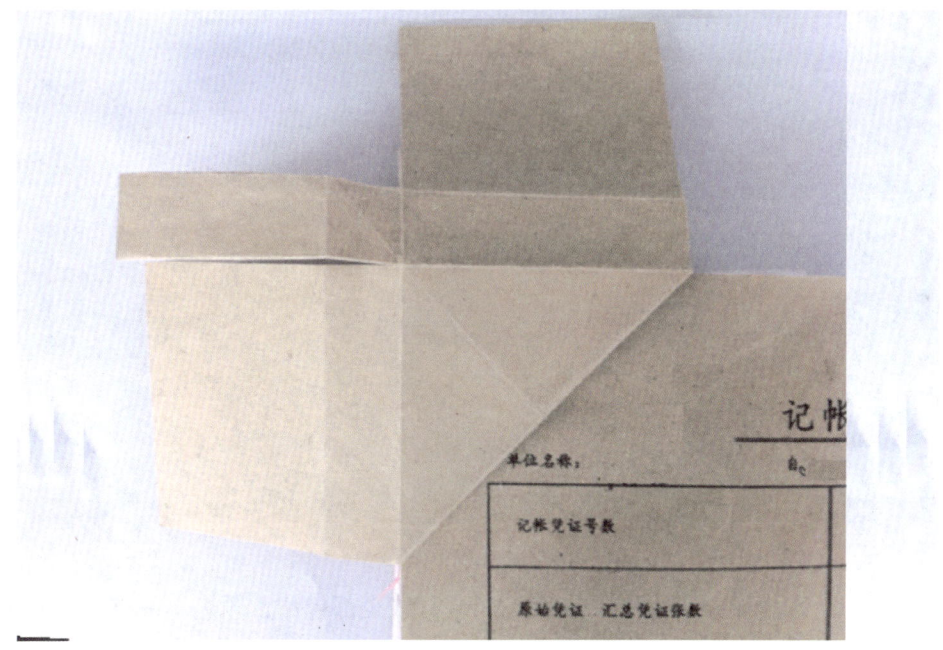

图3-18

最后，先将包角纸悬空护角小条往下垂直折，然后，前面的往后折，上面的往下折，最后分别在凭证侧面背脊和上边背脊及平面抹胶包角（如图3-19、图3-20所示）。

图3-19

图 3-20

注意：完成后凭证封底显示矩形包角，将装订线全部包住，侧边不留空隙。如果使用专用的包角纸，直接包角即可。

第九步：盖章，装订人在装订线骑缝封签处加盖财务专用章和装订人名章压缝（如图 3-21 所示）。

图 3-21

第十步：归档。

（1）待晾干后在凭证封面按要求写明相关信息（如图 3-22 所示）。

（2）在凭证的侧脊上面写上"某年某月第几册共几册"的字样（如图3-23所示）。

（3）按折线整理凭证盒后，将对应的已装订凭证册放入归档，便于调阅（如图3-24所示）。

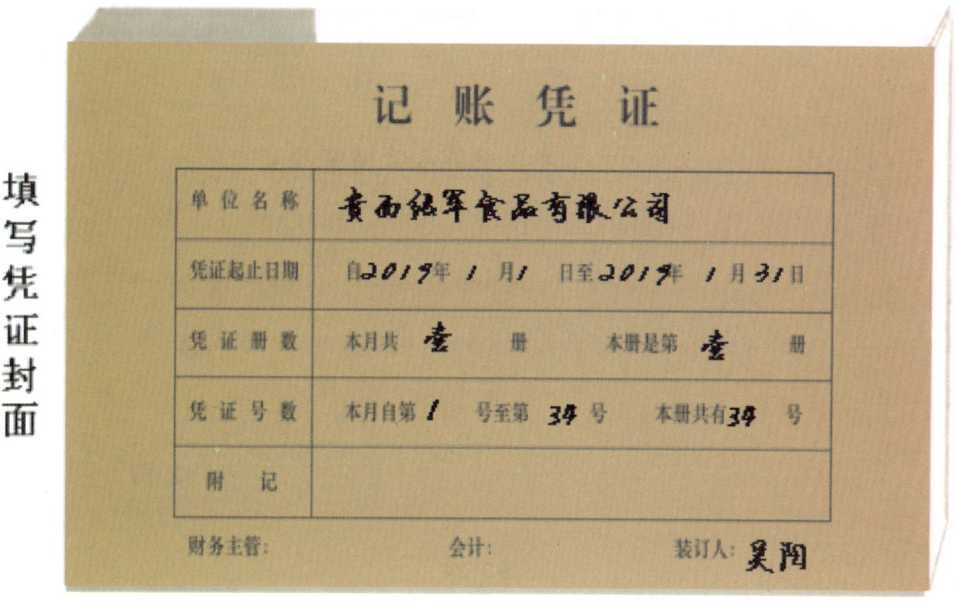

图3-22

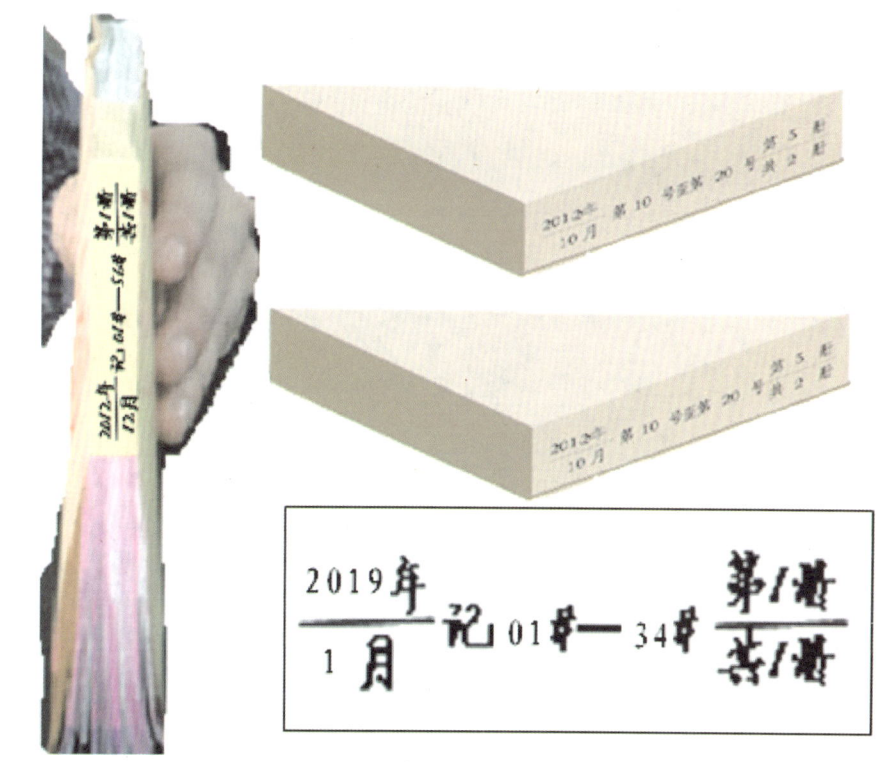

图3-23

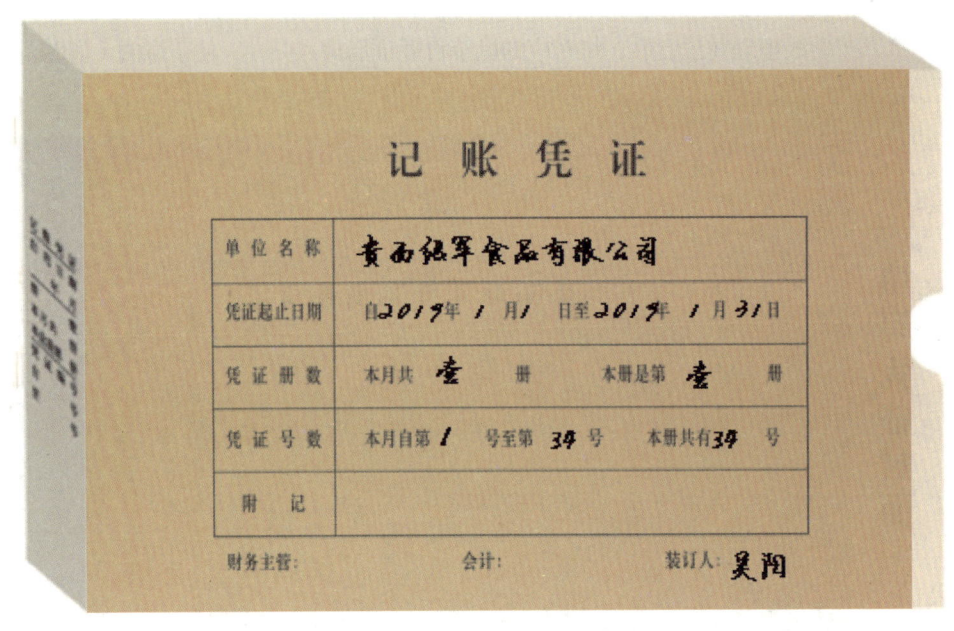

图3-24

二、会计凭证的装订实训要求

请将项目三填制的记账凭证装订成册。

项目四 账簿的设置与登记

任务一 账簿的设置

在前面的实训项目中,我们训练了原始凭证和记账凭证的填制与审核,明确了会计主体所发生或完成的经济业务或经济事项的载体是会计凭证。而每一张会计凭证所反映的经济业务事项只是个别的、零散的、互不联系的,为了连续、系统、全面、综合地反映各个会计主体的财务状况和经营成果,还必须借助会计账簿,对某类经济业务或经济事项发生或完成的会计信息归类反映,形成完整的会计账簿资料。因此,新建单位在单位设立后,原有单位在年度开始时,会计人员均应根据会计法规和会计核算工作的需要设置相应的会计账簿,即建账。依法建账,不仅是法律法规的强制要求,也是加强单位经营管理的客观需要。建账是一项非常重要的会计核算基础工作,也是会计人员必须掌握的一项基本技能,在会计核算工作中具有十分重要的地位和作用。

一、设置账簿的实训指导

会计人员备齐建账素材后,就可以进行建账操作了。实务工作中,建账需要分三个步骤:第一步:确定会计科目;第二步:选择账簿;第三步:启用账簿。

(一)确定会计科目

确定会计科目也可以分为三个步骤:第一步:根据行业特点和企业特点选择适用的会计准则;第二步:根据准则附录选择总账科目(一级科目);第三步:根据核算需要设置明细科目。

目前,针对企业的会计核算财政部有出台两套准则规范——《企业会计准则》(2006版)和《小企业会计准则》(2011版)。一般来说,所有企业都可以选择采用《企业会计准则》,但是只有满足《小企业会计准则》第二条规定的小型或微型企业才能选用《小企业会计准则》。实务中,对于准则选用的问题,不同地方可能规定有所差异。

选择好采用的准则后,即可根据对应准则的附录——《会计科目及主要账务处理》里的会计科目表,依次从资产类、负债类、所有者权益类、成本类、损益类中选择出应设置的会计科目。

资产类	所有者权益类	损益类-费用
库存现金	资本公积	主营业务成本
银行存款	盈余公积	其他业务成本
应收账款	本年利润	营业外支出

续表

资产类	所有者权益类	损益类-费用
原材料	利润分配	税金及附加
库存商品	实收资本	销售费用
其他应收款	成本类	管理费用
固定资产	生产成本	财务费用
累计折旧	制造费用	所得税费用
负债类	损益类-收入	以前年度损益调整
应付账款	主营业务收入	
应交税费	其他业务收入	
应付职工薪酬	营业外收入	
其他应付款		

具体可根据企业的行业特点和核算要求选择所需要的科目。

根据准则选定总账科目（一级科目）后，可以根据企业核算需要设置明细科目。

会计科目	设置明细方式	会计科目	设置明细方式
银行存款	按开立的账户	应付职工薪酬	按项目如工资、社保
应收账款	按客户名称	应交税费	按税费名称
预收账款	按客户名称	实收资本	按股东姓名
预付账款	按供应商名称	主营业务收入	按产品或服务
应付账款	按供应商名称	主营业务成本	按产品或服务
其他应付款	按应付单位或个人	管理费用	按费用大类
其他应收款	按收款单位或个人	销售费用	按费用大类
库存商品	按货物名称	财务费用	按费用大类

例如，管理费用和销售费用可按费用大类分"办公费、工资薪金、房租、水电费、折旧费、差旅费、业务招待费"等。

（二）选择账簿

为了能够直观、方便地反映企业的经营状况，企业必须根据选择好的会计科目设置相应的会计账簿。包括：总账、现金日记账、银行存款日记账和其他明细账。

总账，根据总账科目设置，一个单位一般只需要设置一本总账。

现金日记账，根据企业的现金种类设置，一般只设置一本（如果有外币的，应按外币单独设置）。

银行存款日记账，应按企业所开立的银行账户进行设置，一般每个账户对应一本银行存款日记账。

其他明细账，应按科目性质与核算需要设置。一般包括：数量金额式明细分类账、多栏式明细分类账和三栏式明细分类账，一般纳税人企业应设置应交增值税专用明细账。

应设置账簿类型	核算需要	核算科目	建议数量
数量金额式	核算金额与数量	原材料、库存商品等存货类科目	1本
多栏式	明细项目过多，为了在同一账簿中进行集中反映	收入、成本、费用类科目	合并设1本
三栏式	只需核算金额，明细项目不多且不必集中反映	债权债务、资金等其他科目	合并设1本

设置这类明细账簿时，应结合企业的行业特点进行设置，例如，对于工业企业来说，一般原材料会比较多，因此在准备"原材料"的明细账时，可以多准备几本。

（三）启用账簿

会计按要求设置账簿之后，就可以启用账簿。启用账簿主要分为三个步骤：第一步：填写账簿封面；第二步：填写账簿扉页；第三步：填写账页内容。

1.填写账簿封面。

实务工作中，启用账簿时，首先应该在账簿封面上写明机构名称和账簿名称。

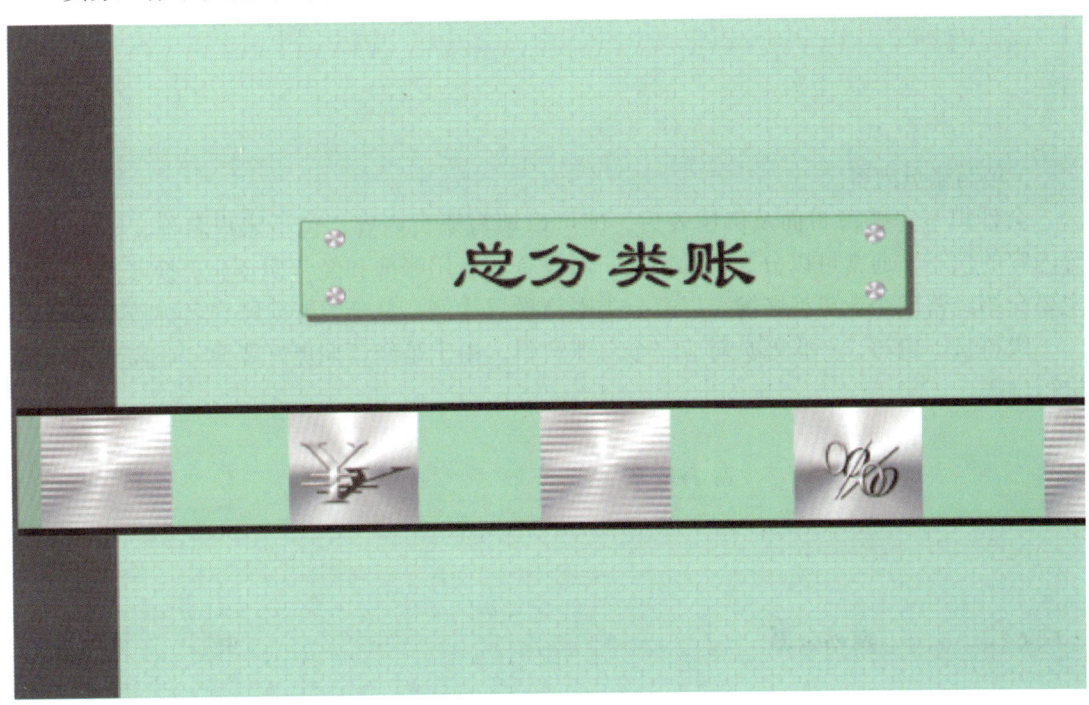

2.填写账簿扉页。

启用账簿时，在账簿扉页上应当附启用表，内容包括：启用日期、账簿页数、财务负责人和主办会计签名并加盖名章，最后再盖上单位公章或财务专用章。

账簿启用及交接表

机构名称	贵西绍军食品有限公司						印鉴		
账簿名称	总分类账			（第 壹 册）					
账簿编号	001								
账簿页数	本账簿共计 50 页			本账簿页数检点人盖章	吴阳				
启用日期	公元 2019 年 1 月 1 日								
经管人员	负责人		主办会计		复核		记账		
	姓名	盖章	姓名	盖章	姓名	盖章	姓名	盖章	
	谢军		吴阳		王野		吴阳		
接交记录	经管人员			接管			交出		
	职别	姓名		年 月 日	盖章		年 月 日	盖章	
备注									

3.填写账页内容。

会计填写完账簿封面及启用表后，即可以填写账页内容，包括账户名称、账页编号等内容的填写。通常可以分为两种情况：新设企业启用账簿和经营期企业更换账簿；这里主要介绍经营期企业更换账簿。以总分类账簿设置为例，总分类账簿账户名称按总账科目（一级科目）填写，一张账页对应一个总账科目，由于是经营期更好账簿，还需要把余额进行过账。

库存现金 总分类账

分页：_____ 总页：_____

2017年		凭证		摘要	√	借方	贷方	借或贷	余额
月	日	种类	号数			亿十百十万千百十元角分	亿十百十万千百十元角分		亿十百十万千百十元角分
1	1			期初余额				借	800000

二、设置账簿的实训资料

1. 贵西绍军食品有限公司2018年12月31日前任会计交接总分类账户余额表。

前任会计交接总分类账户余额表

单位：贵西绍军食品有限公司　　　2018年12月31日　　　单位：元

资产类科目	借方余额	负债及所有者权益类科目	贷方余额
库存现金	8 000.00	短期借款	300 000.00
银行存款	250 000.00	其中：建行贵电支行2月份贷款	300 000.00
其中：建行贵电支行0019账户	250 000.00	应付账款	120 000.00
应收账款	80 000.00	其中：贵阳庆伟食品有限公司	120 000.00
其中：厦门领航商贸有限公司	80 000.00	应付职工薪酬	175 000.00
其他应收款	6 000.00	其中：应付工资	175 000.00
其中：李庆	6 000.00	应交税费	33 600.00
原材料（详细情况见表）	525 000.00	其中：未交增值税	30 000.00
其中：面包主料	360 000.00	应交城市维护建设税	2 100.00
面包辅料	90 000.00	应交教育费附加	900.00
面包纸盒	75 000.00	应交地方教育费附加	600.00
库存商品（详细情况见表）	2 300 000.00	实收资本	2 400 000.00
其中：花式面包	1 500 000.00	其中：谢军	1 400 000.00
趣味面包	800 000.00	戴勇	1 000 000.00
固定资产	458 000.00	资本公积	45 000.00
其中：机器设备类	300 000.00	本年利润	248 900.00
电子设备类	98 000.00	利润分配	21 400.00
运输设备类	60 000.00	其中：未分配利润	21 400.00
累计折旧	-283 100.00		
合计	3 343 900.00	合计	3 343 900.00

2. 2019年1月1日前任会计交接存货类账户明细余额表。

（1）原材料明细账余额。

原材料明细账户余额表

材料名称	单位	数量	单价	金额
面包主料	千克	6 000	60	360 000
面包辅料	千克	4 500	20	90 000
面包纸盒	袋	5 000	15	75 000
合　计				525 000

（2）库存商品明细账余额。

库存商品明细账户余额表

产品名称	单位	数量	单价	金额
花式面包	件	10 000	150	1 500 000
趣味面包	件	8 000	100	800 000
合　计				2 300 000

三、设置账簿实训要求

请根据上述贵西绍军食品有限公司2018年12月31日前任会计交接总分类账户余额表及存货类账户明细余额表设置日记账，总分类账，明细分类账。

1.由出纳设置并启用现金日记账、银行日记账。

2.由会计设置并启用总分类账。

3.由会计设置并启用应收、应付、资本等三栏明细账，原材料，库存商品数量金额式明细账，生产成本、制造费用、管理费用等多栏式明细账，应交增值税专用明细账。

附：会计账簿账页格式

1.账簿启用及交接表。

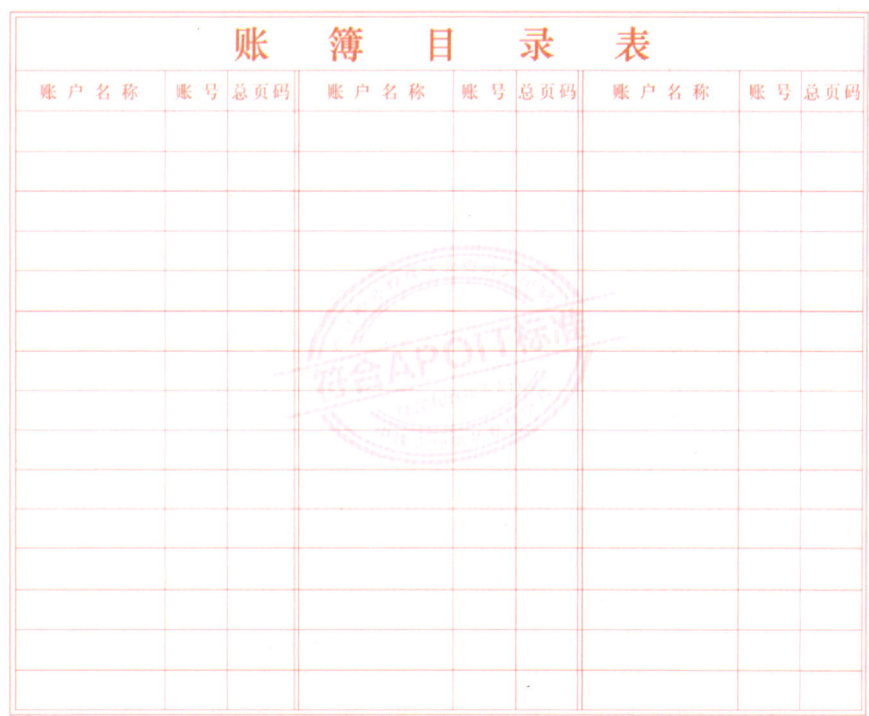

2.账簿目录表。

3.现金日记账账页格式。

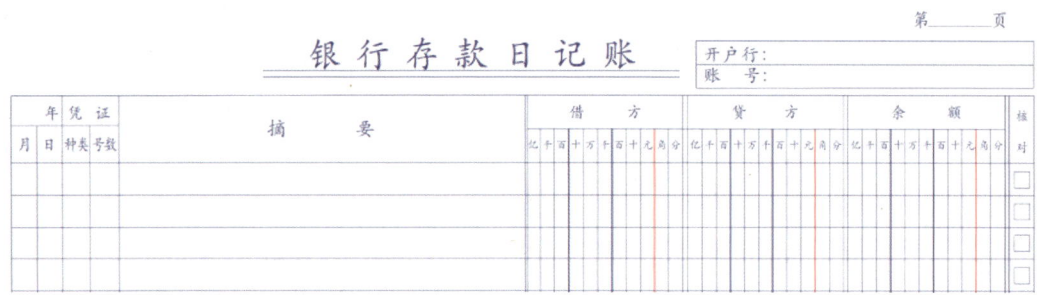

4.银行存款日记账账页格式。

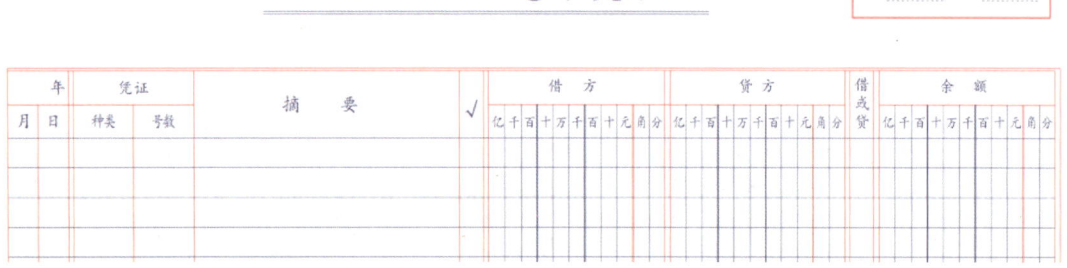

5.总分类账账页格式。

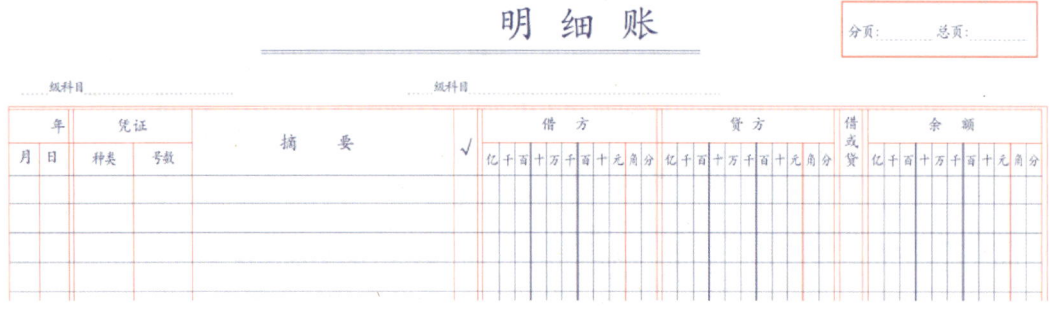

6.三栏明细账账页格式。

7. 多栏式明细账账页格式。

8. 数量金额式明细账账页格式。

9. 应交税费——应交增值税明细账账页格式。

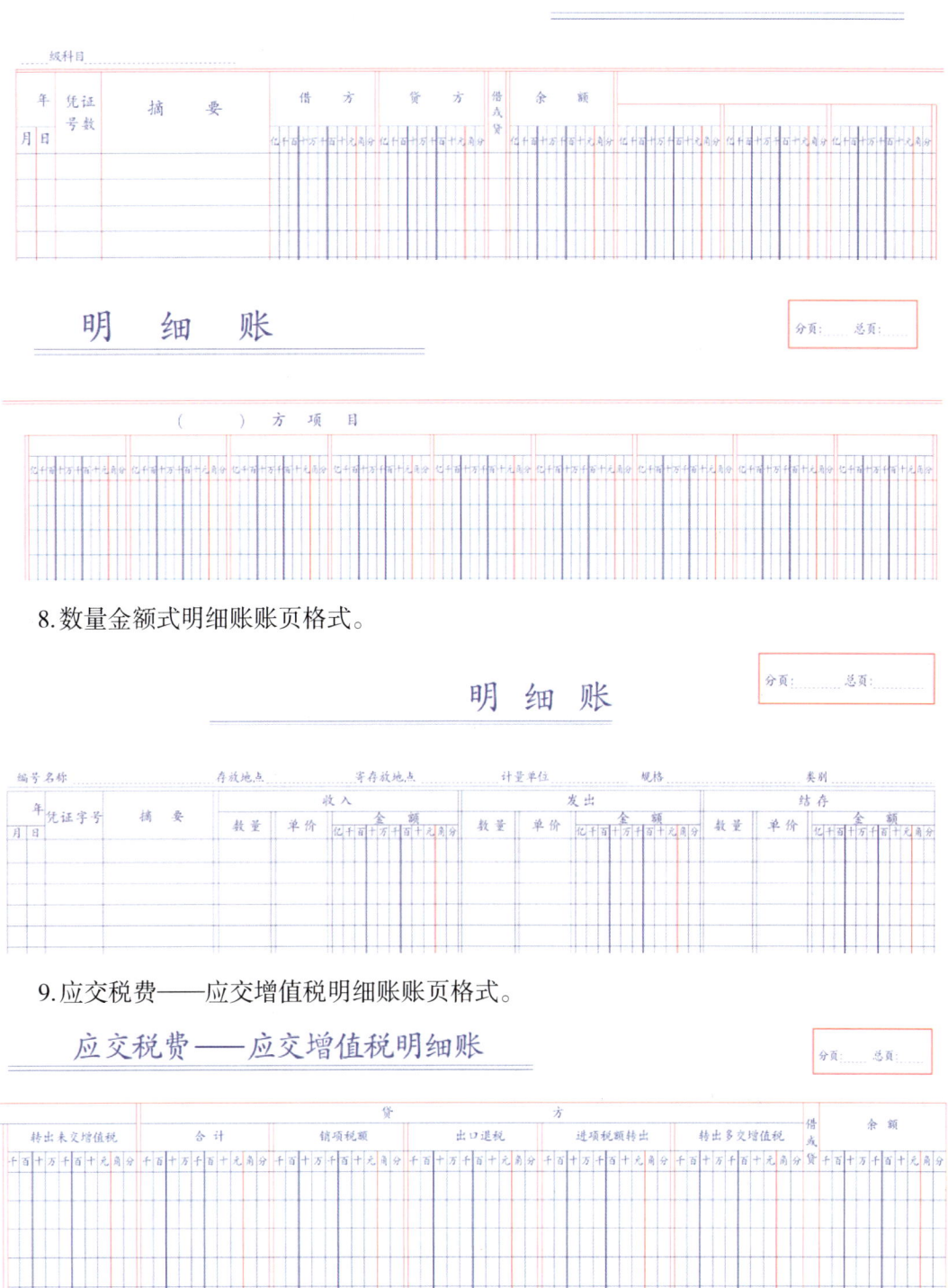

年	凭证		摘要	合计	借				方			
月	日	种类 号数				进项税额		已交税金		减免税款		出口抵减内销应纳税额
				千百十万千百十元角分	千百十万千百十元角分		千百十万千百十元角分		千百十万千百十元角分		千百十万千百十元角分	

任务二 明细分类账、日记账的登记

一、登记账簿的实训指导

（一）准确完整

1.为了保证账簿记录的准确、完整，应当根据审核无误的会计凭证登记账簿。

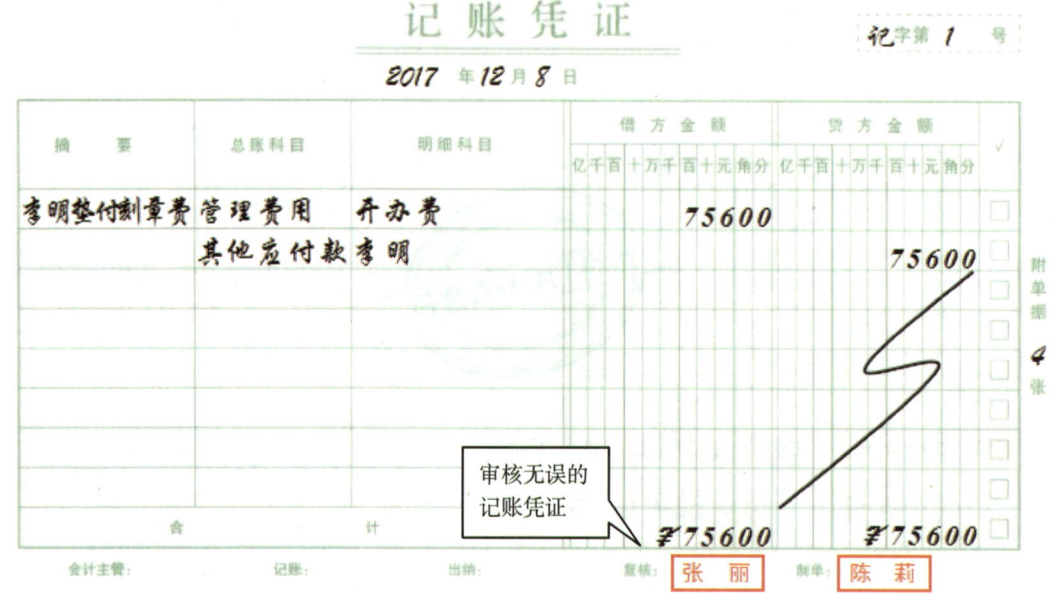

审核无误的记账凭证

2.登记计账簿时，应当将会计凭证日期、编号、业务内容摘要、金额和其他有关资料逐项记入账内。

（1）账簿记录中的日期，应该填写记账凭证上的日期。

（2）以自制原始凭证（如发料单、领料单等）作为记账依据的，账簿记录中的日期应按有关自制凭证上的日期填列。

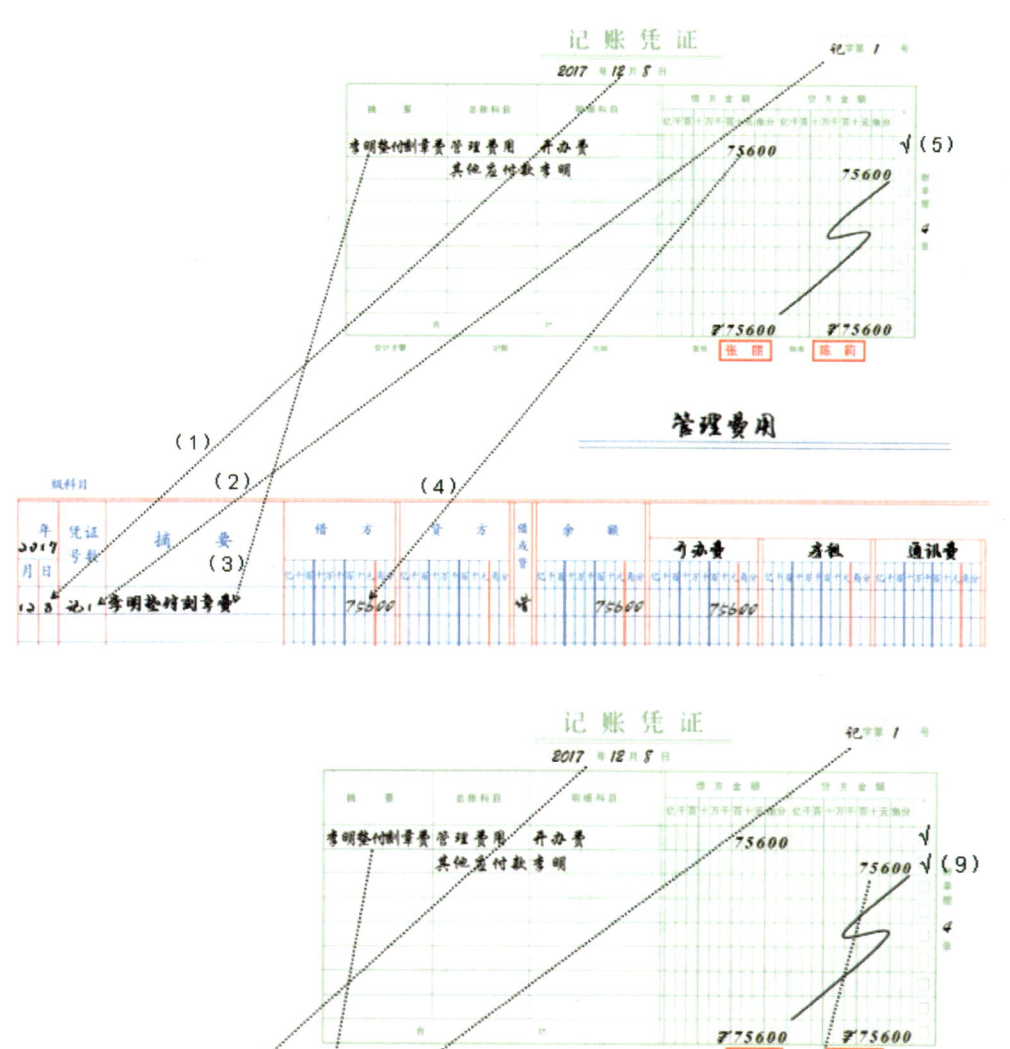

（3）登记账簿时，在每一页的第一行"月份栏"要注明当前月份，以后本页再登记时，只要不跨月度，日期栏只需填入具体日期，月份可以不填。当跨月度时，在新月度的起始行日期栏中填入新月份。也可以月份、日期都如实填写。

[明细账表格图示]

（二）书写留空

1.账簿中书写的文字和数字上面要留有适当的空格，不要写满格，一般应占格距的1/2。

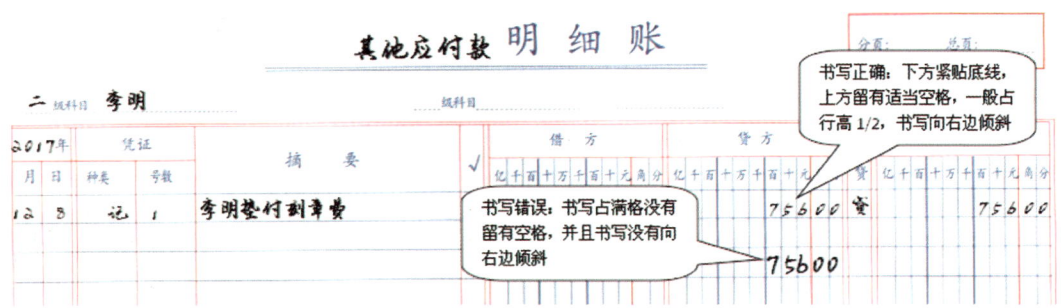

2.登记账簿时摘要的书写，为了美观应紧贴左边线写，上下对齐。

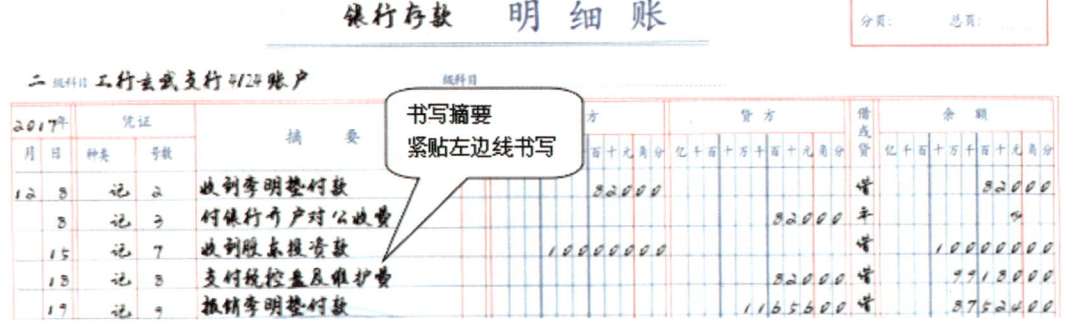

（三）正常记账使用蓝黑墨水或碳素墨水

为了保持账簿记录的持久性，防止涂改，登记账簿必须使用蓝黑墨水或碳素墨水书写，不得使用圆珠笔（银行的复写账簿除外）或者铅笔书写。

（四）特殊记账使用红色墨水

1.按照红字冲账的记账凭证，冲销错误记录；

2.在不设借贷等栏的多栏式账页中，登记减少数；

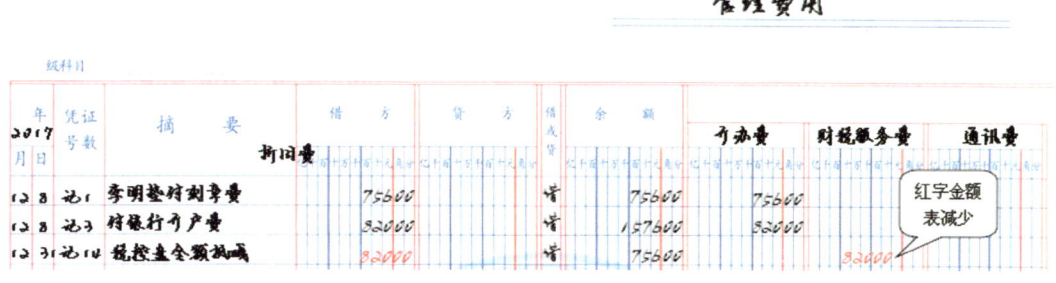

3.在三栏式账户的余额栏前，如未印明余额方向的，在余额栏内登记负数余额；

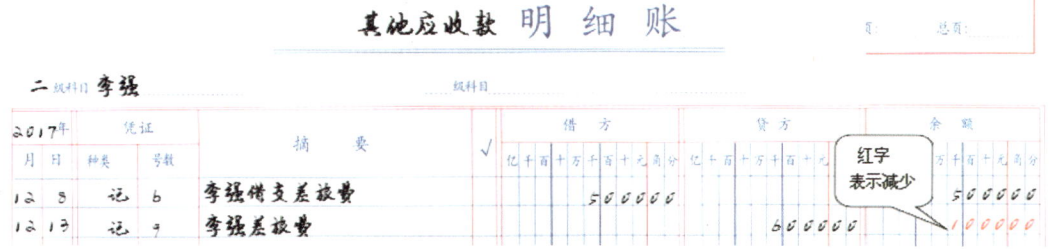

4.根据国家统一会计制度的规定可以用红字登记的其他会计记录。由于会计中的红字表示负数，因而除上述情况外，不得用红色墨水登记账簿。

（五）连续顺序登记

1.在登记各种账簿时，应按页次顺序连续登记，不得隔页、跳行。

2.如果发生跳行、隔页，应当将空行、空页划线注销，或者注明"此行空白"、"此页空白"字样，并由记账人员签名或盖章。

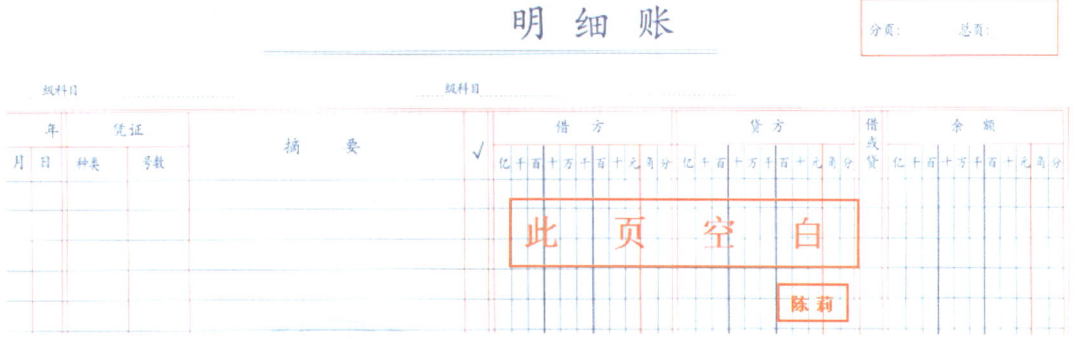

3.如没有"此页空白"印鉴也可以用红笔在该页左上角至右下角划一条对角斜线，最后由记账人员在该页签名或盖章。

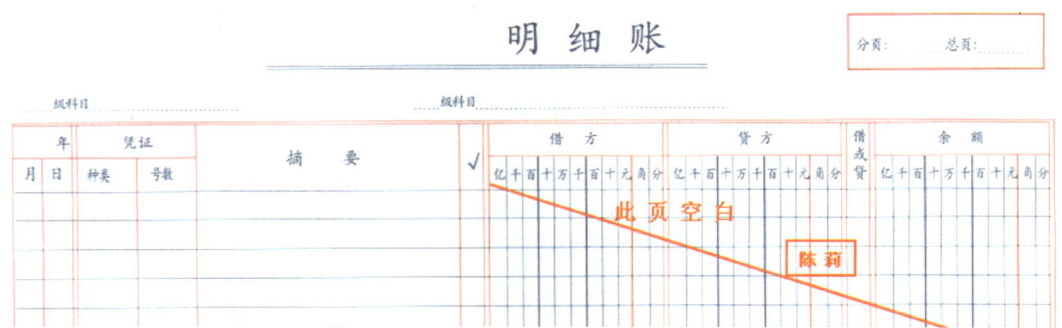

(六) 结出余额

凡需要结出余额的账户，结出余额后，应当在"借或贷"栏目内注明"借"或"贷"字样，以示余额的方向；对于没有余额的账户，应在"借或贷"栏内写"平"字，并在"余额"栏用元对应的位置以"θ"表示。

(七) 过次承前

每一账页登记完毕结转下页时，应当结出本页合计数及余额，写在本页最后一行和下页第一行相关栏内，并在摘要栏内注明"过次页"和"承前页"字样；也可以将本页合计数及金额只写在下页第一行相关栏内，并在摘要栏内注明"承前页"字样，以保持账簿记录的连续性，便于对账和结账。

[银行存款明细账表格，二级科目：工行玄武支行4124账户，2017年，承前页，借方14282000，贷方1329600，借，余额12952400]

1. 对需要结计本月发生额的账户，结计"过次页"的本页合计数应当为自本月初起至本页末止的发生额合计数；
2. 对需要结计本年累计发生额的账户，结计"过次页"的本页合计数应当为自年初起至本页末止的累计数；
3. 对既不需要结计本月发生额，也不需要结计本年累计发生额的账户，可以只将每页末的余额结转次页。

（八）错账更正

账簿记录发生错误时，不得采用涂改、挖补、刮擦、药水消除字迹等手段更正，也不允许重抄，而必须采用适当的错账更正方法来更正。

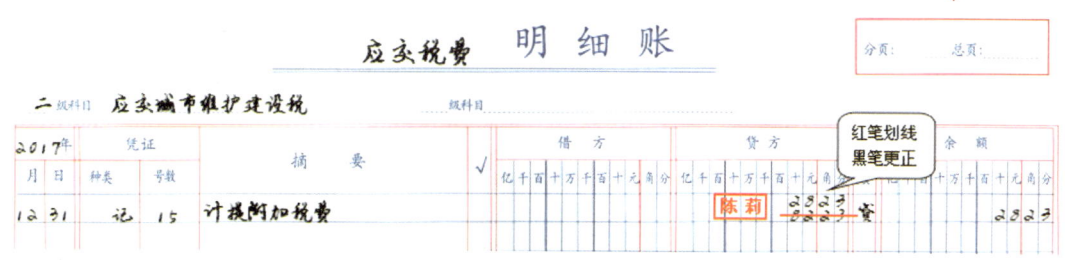

二、明细分类账的登记

如前所述，根据经济业务的核算需要，我们设置了三栏式、数量金额式、多栏式等明细分类账簿。实务中，会计应当按照审核无误后的记账凭证及时登记各类明细账簿。下面，简单介绍一下三栏式明细账、数量金额式明细账和多栏式明细账的具体登记方法。

（一）三栏式明细分类账的登记

三栏式明细账通常是用来登记只涉及金额核算的账户，如应收账款、应付账款、应交税费等往来结算账户。具体来说，登记三栏式明细分类账簿的步骤如下：

首先，填写经济业务，按照记账凭证承载的记账时间、凭证种类、凭证号、摘要、金额分别填列账簿对应位置。

其次，结出余额。具体计算公式为：

资产、成本类：本行余额 = 上行余额 + 借方发生额 – 贷方发生额。

负债、所有者权益类：本行余额 = 上行余额 – 借方发生额 + 贷方发生额。

实收资本 明细账

2017年 月 日	凭证 种类	凭证 号数	摘要	√	借方	贷方	借或贷	余额
12 15	记	7	收到股东投资款			4000000	贷	4000000
			本月合计			4000000	贷	4000000
			本年累计			4000000	贷	4000000
			结转下年					

（二）数量金额式明细分类账的登记

数量金额式明细账，适合既要进行金额核算又要进行数量核算的账户，其借方（收入）、贷方（发出）和余额（结存）都分别设有数量、单价和金额三个专栏。如原材料、库存商品等存货类账户。具体来说，登记数量金额式明细分类账簿的步骤如下：

首先，将记账凭证中的日期、凭证字号及摘要登记到账簿的"月、日、凭证字号和摘要"栏；

其次，将记账凭证的金额填写到账簿对应方向的金额栏，并根据销售单、入库单或出库单等后附的原始凭证填写数量、单价；

最后，结出余额，根据公式"结存=上行结存+本行收入−本期发出"结出结存的数量和金额。实际工作中，由于金额除以数量常常不能整除，为了使数量金额式明细账的金额、数量与凭证一致，单价常保留四位以上小数，并且常用金额除以数量进行倒挤。

库存商品 明细账

编号名称 办公桌　计量单位 张

2017年 月 日	凭证字号	摘要	收入 数量	单价	金额	发出 数量	单价	金额	结存 数量	单价	金额
12 3	记10	购货款未付	20	1200.-	2400000				20	1200.-	2400000
12 13	记12	结转销售成本				20	1200.-	2400000			0
		本月合计	20	1200.-	2400000	20	1200.-	2400000			0
		本年累计	20	1200.-	2400000	20	1200.-	2400000			0

（三）多栏式明细分类账的登记

由于成本费用类科目的明细科目比较繁多，为了集中反映这些项目的明细发生情况，企业一般采用多栏式明细账，将成本、费用类同一总账科目下的各明细科目金额在一张账页上进行集中登记。

多栏式明细账按其专栏方向的不同，可以分为单方向和双方向多栏式明细账，单方向在专栏设置时，只设借方或贷方一个方向，双方向多栏式明细账设置包括借方和贷方两个方向的专栏。具体来说，登记多栏式明细分类账簿的步骤如下：

首先，按照记账凭证所载信息分别填列账簿对应的时间、凭证种类、凭证号、摘要；

其次，按记账凭证上的金额分别登记专栏与合计处的金额；

最后，结出合计处的余额。

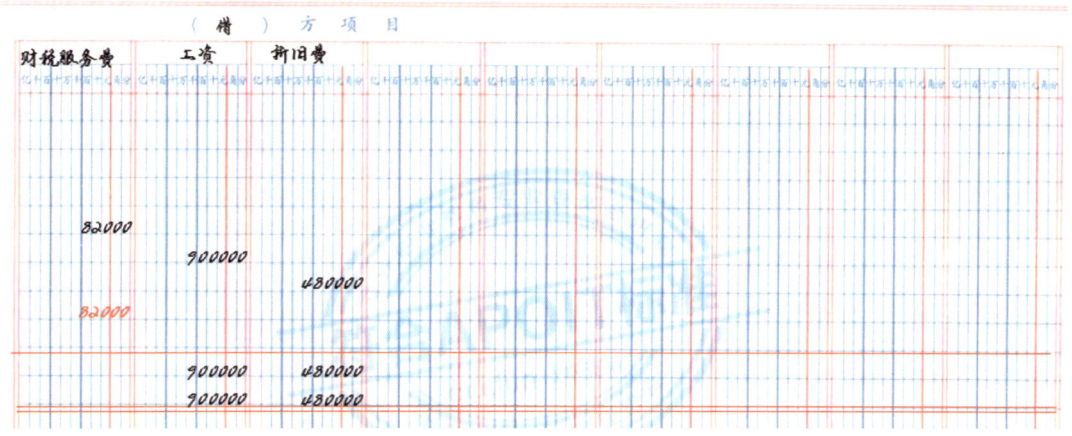

三、日记账的登记

为了能序时分类反映企业的经济业务，企业通常需设置日记账。在实务工作中，企业较常使用的是特种日记账，包括现金日记账和银行存款日记账。一般情况下，现金日记账和银行存款日记账都由出纳负责登记。现金日记账是登记现金的收入、支出和结存情况的账簿，一般也是由出纳人员根据审核无误的现金收、付款凭证和银行存款付款凭证逐日逐笔顺序登记的，并于每日终了，应分别计算现金收入、付出的合计数和结余数，即当日收入、付出合计和累计结余，并与库存现金金额核对。银行存款日记账是登记银行存款的收入、支出和结存情况的账簿，一般也是由出纳人员根据审核无误后的银行存款收、付款凭证和现金付款凭证逐日逐笔顺序登记的，并于每日终了，结算出银行存款收入和付出的合计数及累计余额，并定期与银行的对账单逐笔相核对。具体登记方法不再赘述。

银行存款日记账

明细科目：工行去或支行 4/24 账户

2017年		凭证		摘要	√	借方	贷方	借或贷	余额
月	日	种类	号数			亿千百十万千百十元角分	亿千百十万千百十元角分		亿千百十万千百十元角分
12	8	记	2	收到李明垫付款		82000		贷	82000
	8	记	3	付银行开户对公收费			82000	平	0
	15	记	7	收到股东投资款		10000000		贷	10000000
	18	记	8	支付税控盘及维护费			82000	贷	9918000
	19	记	9	报销李明垫付款			1165600	贷	8752400
	22	记	11	销售货物收款		4200000		贷	12952400
	31			本月合计		14282000	1329600	贷	12952400
				本年累计		14282000	1329600	贷	12952400
				结转下年					

四、明细分类账和日记账登记实训要求

请根据项目三的任务一记账凭证的填制，贵西绍军食品有限公司2019年1月份所填制、审核无误的记账凭证，登记明细分类账和日记账。

1. 由出纳登记现金日记账、银行日记账。
2. 由会计登记应收、应付、资本等三栏明细账，原材料，库存商品数量金额式明细账，生产成本、制造费用、管理费用等多栏式明细账，应交增值税专用明细账。

任务三　T型账的登记及科目汇总表的编制

一、登记T型账及编制科目汇总表的实训指导

（一）登记T型账及编制科目汇总表原理

在科目汇总表账务处理程序下，会计人员应根据科目汇总表登记总账，首先根据审核无误的记账凭证登记T型账，来汇总当期各科目的发生额，然后再根据T型账编制科目汇总表，最后根据科目汇总表登记总账。通过登记T型账和编制科目汇总表对所发生的经济业务进行试算平衡，同时也对会计工作起到检查核对作用。

（二）登记T型账的方法

1. 设置账户科目，实务中，企业每月使用会计科目差异不大，因此，会计设置T型账账户科目时，可根据上月科目汇总表进行设置，也可按照当月记账凭证的会计科目进行设置（一般按资产、负债、所有者权益、成本、损益类设置）。
2. 根据记账凭证按凭证字号的先后顺序登记。
3. 只对本期发生额进行试算平衡，故不登记期初余额。
4. 登记T型账时，需要对本月经济业务发生涉及的所有会计科目进行登记（总账

科目)。

5.登记T型账时,只是对会计科目总账进行登记,不分明细账。一笔业务涉及几个明细科目在登记T型账时应按总账科目的合计金额登记。

例如:1月31日　　记008　　付费用
借:管理费用——差旅费　　　　　　　　　　　　　　　　　　2 000
　　　　——招待费　　　　　　　　　　　　　　　　　　　　1 000
　　　　——办公费　　　　　　　　　　　　　　　　　　　　　600
　贷:库存现金　　　　　　　　　　　　　　　　　　　　　　3 600

此时登记管理费用T型账不分明细写应按合计金额3 600。

6.登记完一笔T型账,需要在记账凭证上做好记录,避免漏登、重复登记。

7.记账凭证用什么颜色的笔写,登记T型账时也用什么颜色的笔。

(黑笔写的记账凭证登记T型账用黑笔登,红笔写的红字记账凭证登记T型账用黑笔登)

8.登记T型账方向应该和记账凭证借贷方向相同,记账凭证科目在借方,登T型账时也登借方,反之亦然。

9.登记T型账时,凭证编号的书写要注意,例如,记001应写成 记①,例如,记004-1/4应写成 记④,避免凭证字号和金额混淆。

10.金额书写时三位一分节符号,上下数字要对齐,金额角分位要写在右上方且字体偏小一些。

11.按记账凭证登记完T型账户后(要保证所有的记账凭证登记到T型账),然后将所有"T"型账户的借方,贷方的发生额合计计算出来。

12.根据复式记账法原理,验证是否所有账户的借方发生额合计数与贷方发生额合计数相等。

说明:实际工作中一般只对本期发生经济业务编制T型账进行试算发生额平衡设置,但是也有会计会进行发生额及余额的试算平衡,所以设置完T型账的账户科目后,就要填写账户的期初余额。通常情况下,可直接摘抄上月总账科目的期末余额,然后把本期发生的经济业务金额登到T型账户中,会计将当期的记账凭证都登记到T型账后,应在T型账最后一笔业务下划一横线,并汇总出当期的发生额合计,最后在发生额会计下方,再划一横线,并结出余额。两种方式都可以,选择第一种只对发生额进行试算平衡的比较简单。

(三)登记T型账的步骤

第一步:根据审核无误的记账凭证登记T型合计账。

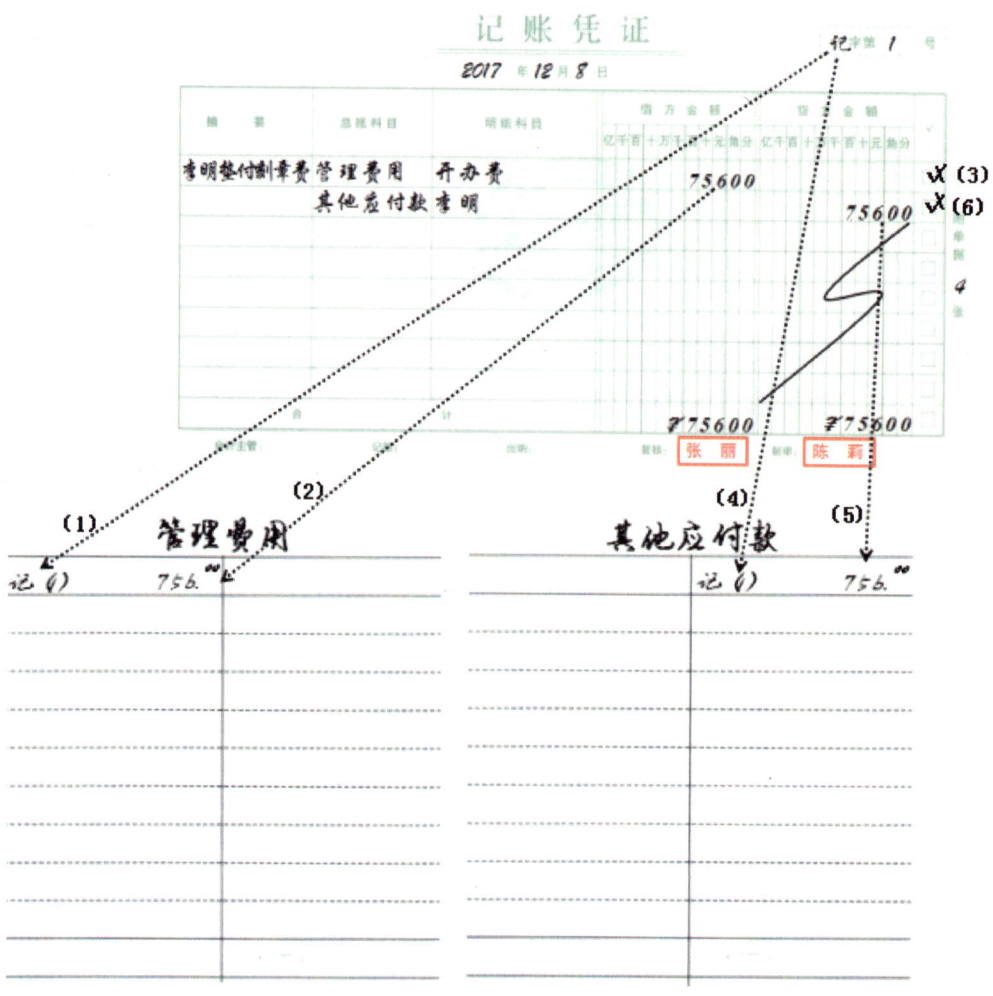

第二步：登记完毕所有经济业务的T型账后，结出本期借方、贷方发生额。

（四）编制科目汇总表方法

期末，会计人员根据当月的记账凭证编制T型账后，便可核算出各科目的借、贷方的发生额合计数，再据以编制科目汇总表。实际工作中，可以每隔几天（5天、10天、15天、30天）汇总一次，视企业业务多少而定。如果业务不是很多的企业一般一个月汇总一次。科目汇总表编号可以为年+月，例如2017年12月份可以写成1712#。

1.如果借贷平衡，将T型账的各个账户的借方发生额合计数和贷方发生额合计数一一填入科目汇总表中，对应科目的"本期发生额"栏。

2.如果借贷不平衡，则表明汇总出现差错或记账凭证出现差错，应按查账方法查找出错误原因，直至最后借贷平衡，再进行填入科目汇总表中，对应科目的"本期发生额"栏。

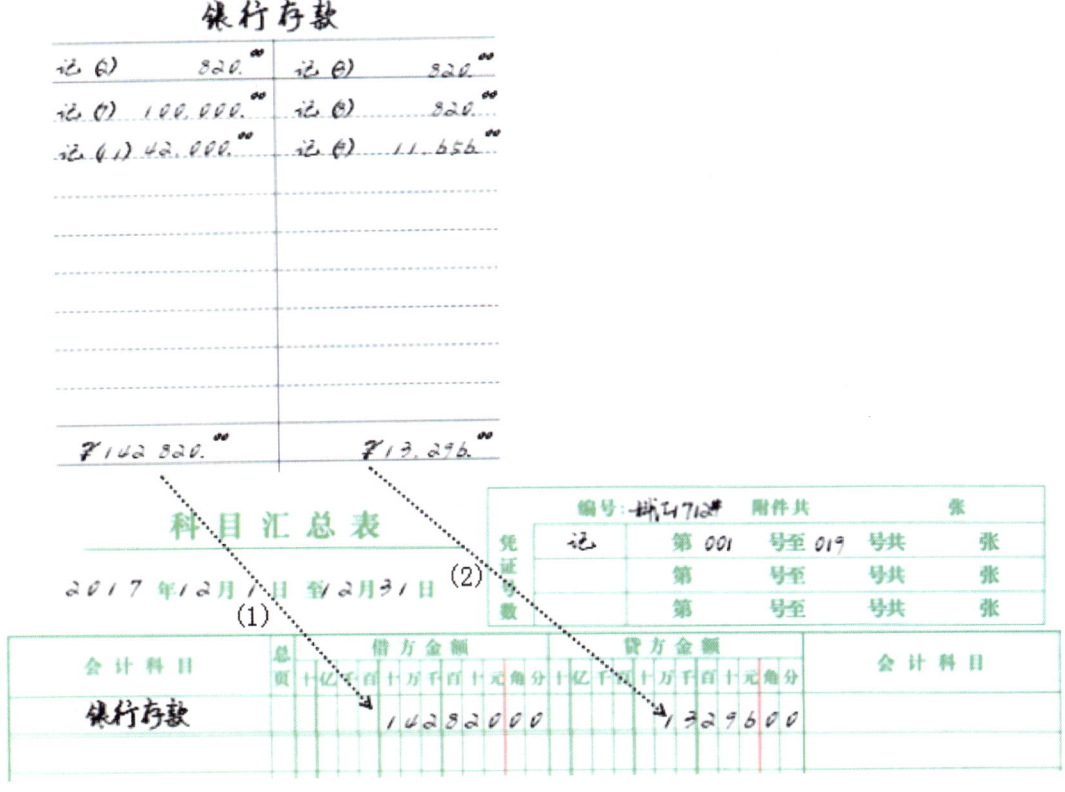

二、登记T型账和编制科目汇总表的实训要求

请根据前述贵西绍军食品有限公司2019年1月份所填制、审核无误的记账凭证，登记T型账并编制科目汇总表。

任务四　总分类账的登记及试算平衡表的编制

一、登记总分类账及试算平衡表的编制实训指导

(一) 根据科目汇总表登记总账

在不同的账务处理程序下，总账的登记依据是不同的。在科目汇总表账务处理程序，总账是根据科目汇总表进行登记的。

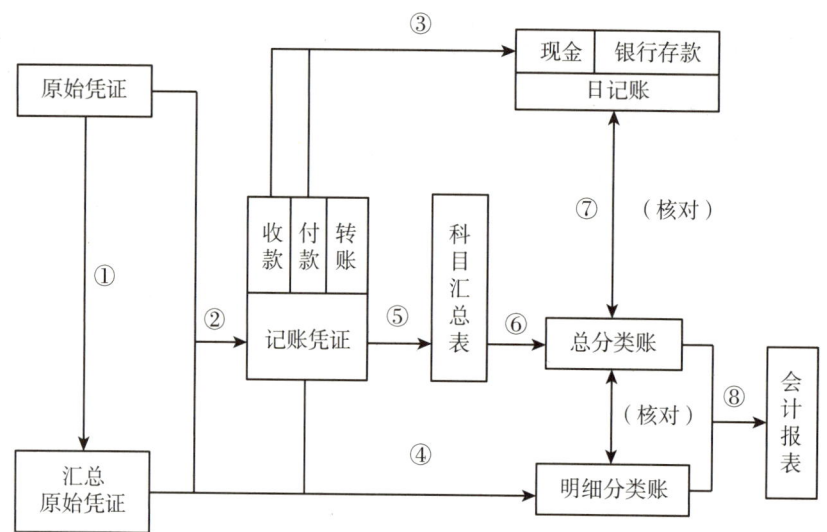

总账根据总分类科目进行设置，用于记录总账科目（一级科目）的本期发生额和期末余额。根据科目汇总列示的会计科目一一登记总账。

会计科目	总页	借方金额	贷方金额	会计科目	借方金额	贷方金额
银行存款		1623200.0	1329600.0			
库存商品		3200000.0	3200000.0			
固定资产		480000.0				
累计折旧			480000.0			
应付账款			430000.0			
应付职工薪酬			120000.0			
应交税费		32000.0	135371			
其他应付款		1165600.0	1165600.0			
实收资本			1000000.0			
本年利润		557941	557941			
利润分配		150141				
主营业务收入		6077670	6077670			
主营业务成本		3200000.0	3200000.0			
管理费用		2065600	2065600			
销售费用		300000	300000			
税金及附加		13561	13561			

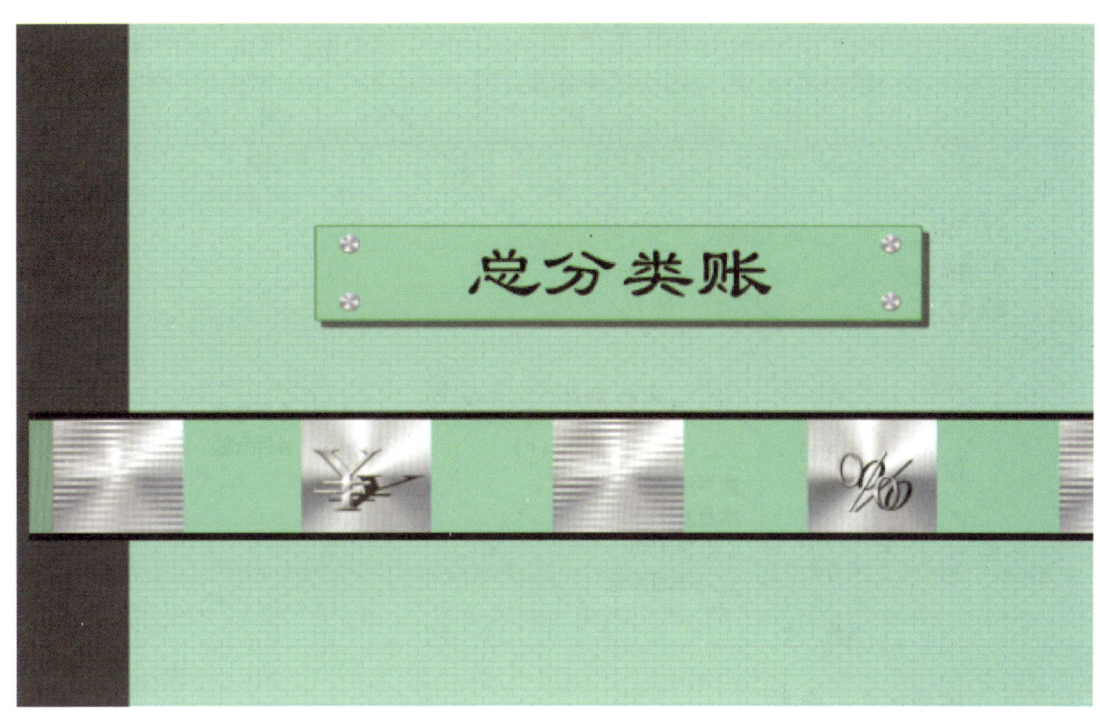

1.按照科目汇总表的信息登记总账的时间、凭证字号、摘要、金额等。一般日期填写当期最后一天,总账是根据科目汇总表进行登记的,因此凭证字一般填写"科汇"、凭证号填写科目汇总表的编号,摘要为"本期发生额及余额",金额按科目汇总表里对应的金额进行填写。

2.计算出余额,计算公式为:

资产类:

$$本行余额=上行余额+借方发生额-贷方发生额$$

负债、所有者权益类:

$$本行余额=上行余额-借方发生额+贷方发生额$$

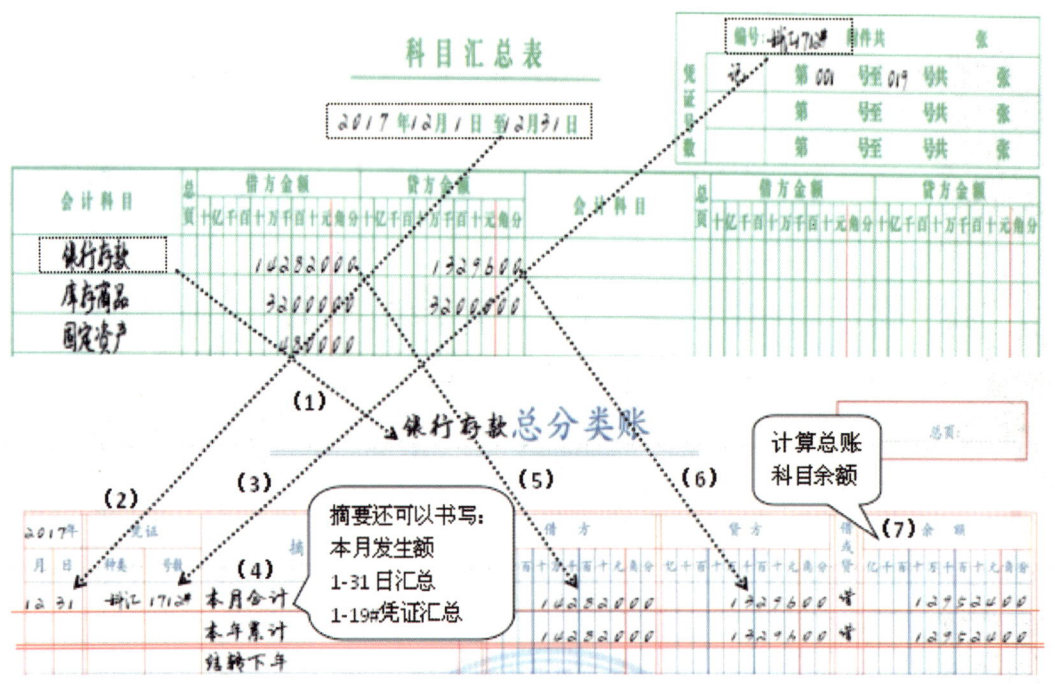

（二）编制试算平衡表

试算平衡工作是通过编制试算平衡表完成的。编制试算平衡表，能及时发现总账科目的错误并予以更正。试算平衡工作可以分为两步：（1）编制试算平衡表；（2）校验总账。

1.编制试算平衡表。实务中，试算平衡表的格式如下图所示。

试算平衡表

年　月　　　　　　　　　　　　　　　　　　　　　　　　　　单位：元

科目代码	科目名称	期初余额		本期发生		期末余额	
		借方	贷方	借方	贷方	借方	贷方

2.试算平衡表的主要项目包括科目代码、科目名称、期初余额、本期发生额、期末余额。实务中，会计人员编制试算平衡表步骤如下：

（1）填写基础信息：编制单位直接填写企业营业执照上的全称，会计期间为试算平衡表对应的会计期间，如2017年12月；计量单位为本表的货币核算单位，一般是"元"；

（2）填写平衡表项目：包括科目代码、科目名称、期初余额、本期发生额、期末余额。其中，科目代码可以根据科目名称在准则附录的科目表中查找填写，科目名称直接将总账科目按资产、负债、所有者权益、费用、收入的顺序填写，根据上期期末数填写本期试算平衡表的期初数，根据科目汇总表的本期发生额填写试算平衡表的本期数的本期发生额，根据期初数及本期发生额计算期末余额。对应公式为：

期末借方余额＝期初借方余额＋本期借方发生额－本期贷方发生额

期末贷方余额=期初贷方余额+本期贷方发生额－本期借方发生额

试算平衡表

2017年12月　　　　　　　　　　　　　　　　　　单位：元

科目代码	科目名称	期初余额		本期发生		期末余额	
		借方	贷方	借方	贷方	借方	贷方
	银行存款			142,880	13,296	129,584	
	库存商品						
	固定资产						
	累计折旧						
	应付账款				32,000		32,000
	应付职工薪酬				12,000		12,000
	应交税费						
	其他应付款						
	实收资本						
	本年利润			55,791.41	55,791.41		
	利润分配			15,014.71			15,014.71
	主营业务收入			40,776.70			40,776.70
	主营业务成本			32,000	32,000		
	管理费用			20,656	20,656		
	销售费用			3,000	3,000		
	税金及附加			135.41	135.41		
	合计			¥359,470.23	¥359,470.23	¥149,338.71	¥149,338.71

期初余额：根据上期期末余额填写

本期发生：科目汇总表的本期发生额填写

期末余额：根据期初数及本期发生额计算

期末余额=期初余额+本期增加发生额-本期减少发生额
资产类　借方＝借方＋借方－贷方
权益类　贷方＝贷方＋贷方－借方

损益类账户一般只有发生额没有余额

复核：　　　　　　制表：陈莉

试算平衡表中期初借方余额与贷方余额相等、本期借方发生额与贷方发生额相等、期末借方余额与贷方余额相等。如果不相等，则证明本月账务处理有错误。

（三）校验总账

月末会计人员登记完总账，编制完试算平衡表后，应将总账与试算平衡表进行比对，以校验总账的正确性。其校验方式如下：

1.检查试算平衡表期初借贷方余额与总账期初借贷方余额是否相等；

如果试算平衡表期初余额与总账期初余额不相等，可能是上期未进行试算工作。应先核对上期末试算平衡表和总账的期末余额是否一致：如果一致，则可能是摘抄错误，分别核对试算平衡表和总账的摘抄情况，找出错误并改正；如果不一致，则要进一步检查上期的科目汇总表、T型账户和凭证的数据，直至找到错误。

2.检查试算平衡表本期借贷方发生额与总账本期借贷方发生额是否相等；

如果本期发生额不相等,应再次将科目汇总表与总账、试算平衡表分别核对,核实各自的本期发生额是否登记有误。

3.检查试算平衡表期末借贷方余额与总账期末借贷方余额是否相等。

如果试算平衡表期末余额不能平衡,则应根据以下公式进行检查期末计算是否有误。

期末借方余额＝期初借方余额＋本期借方发生额－本期贷方发生额

期末贷方余额＝期初贷方余额＋本期贷方发生额－本期借方发生额

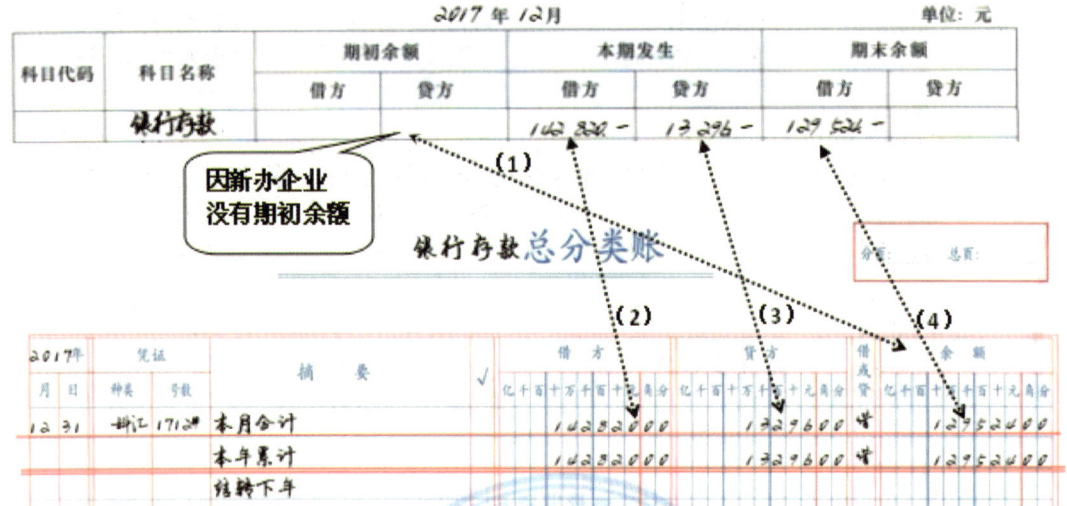

二、登记总分类账及编制试算平衡表的实训要求

请根据前面登记的T型账及编制的科目汇总表登记总分类账,并试算平衡。

任务五 对账、查账、错账更正及结账

一、对账、查账、错账更正及结账的实训指导

(一)对账

对账就是核对账目,是对账簿记录所进行的核对工作。在会计工作中,由于种种原因,难免发生记账、计算等差错,也难免出现账实不符的现象。为了确保账簿记录的正确、完整、真实,在有关经济业务入账之后,必须进行账簿记录的核对。对账工作的目的就是保证账证相符、账账相符和账实相符。因而,在结账前,要通过对账,对有关会计账簿记录进行核对,确保会计核算资料的正确性和完整性,为编制会计报表提供真实可靠的数据资料。对账的内容一般可以分为账证核对、账账核对和账实核对。

1.账证核对。

账簿是根据经过审核之后的会计凭证登记的,但实际工作中仍可能发生账证不符的

情况，记账后，应将账簿记录与会计凭证核对，核对账簿记录与原始凭证、记账凭证的时间、凭证字号、内容、金额等是否一致，记账方向是否相符，做到账证相符。

会计期末，如果发现账账不符，也可以再将账簿记录与有关会计凭证进行核对，以保证账证相符。

这种核对主要在日常编制凭证和记账过程中进行。必要时，也可以采用抽查核对和目标核对的方法进行。核对的重点是凭证所记载的业务内容、金额和分录是否与账簿中的记录一致。

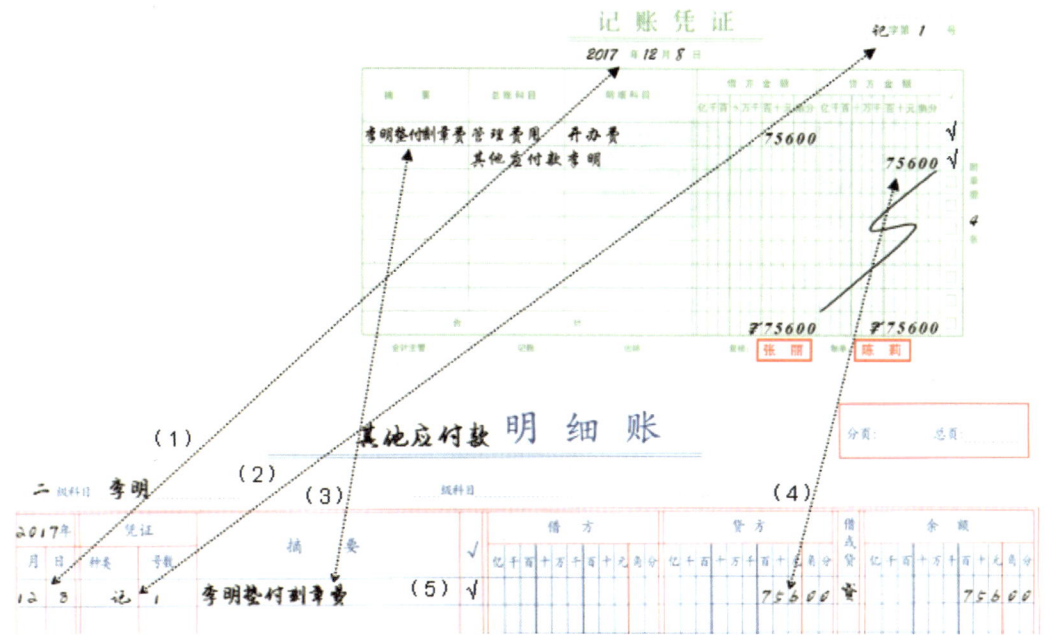

2.账账核对。

各个会计账簿是一个有机的整体，既有分工，又有衔接，的就是为了全面、系统、综合地反映企事业单位的经济活动与财务收支情况。各种账簿之间的这种衔接依存关系就是账簿的勾稽关系。利用这种关系，可以通过账簿的相互核对发现记账工作是否有误。一旦发现错误，就应立即更正。账账核对的内容主要包括：

（1）总分类账簿之间的核对。

按照"资产=负债+所有者权益"这一会计等式和"有借必有贷、借贷必相等"的记账规律，总分类账簿各账户的期初余额、本期发生额和期末余额之间存在对应的平衡关系，各账户的期末借方余额合计和贷方余额合计也存在平衡关系。通过这种等式和平衡关系，可以检查总账记录是否正确、完整。这项核对工作通常采用编制"总分类账户本期发生额和余额对照表"（简称"试算平衡表"）来完成。

试算平衡表

2017 年 12 月   单位:元

科目代码	科目名称	期初余额 借方	期初余额 贷方	本期发生 借方	本期发生 贷方	期末余额 借方	期末余额 贷方
	银行存款			142,820.-	13,296.-	129,524.-	
	库存商品			32,000.-	32,000.-		
	固定资产			4,800.-		4,800.-	
	累计折旧				4,800.-		4,800.-
	应付账款				32,000.-		32,000.-
	应付职工薪酬				12,000.-		12,000.-
	应交税费			820.-	1,358.71		538.71
	其他应付款			11,656.-	11,656.-		
	实收资本				100,000.-		100,000.-
	本年利润			55,791.41	55,791.41		
	利润分配			15,014.71			15,014.71
	主营业务收入			40,776.70			40,776.70
	主营业务成本			32,000.-	32,000.-		
	管理费用			20,656.-	20,656.-		
	销售费用			3,000.-	3,000.-		
	税金及附加			135.41	135.41		
合 计				¥358,470.23	358,470.23	¥149,338.71	¥149,338.71

复核: 制表:陈莉

(2) 总分类账簿与所属明细分类账簿之间的核对。

总分类账户的期末余额应与其所属的各明细分类账的期末余额之和核对相符。

总分类账

实收资本   分页: 总页:

2017年 月 日	凭证 种类	凭证 号数	摘 要	√	借方	贷方	借或贷	余 额
12 31	转汇	1712#	本月合计			100,000.00	贷	100,000.00
			本年累计			100,000.00	贷	100,000.00
			结转下年					

实收资本 明细账

二级科目 李明   级科目   分页: 总页:

2017年 月 日	凭证 种类	凭证 号数	摘 要	√	借方	贷方	借或贷	余 额
12 15	记	7	收到股东投资款			600,000.00	贷	600,000.00

（3）总分类账簿与序时账簿之间的核对。

我国企事业单位必须设置库存现金日记账和银行存款日记账。库存现金日记账必须每天与库存现金核对相符，银行存款日记账也必须定期与银行对账。在此基础上，还应检查库存现金总账和银行存款总账的期末余额，与库存现金日记账和银行存款日记账的期末余额是否相符。

（4）明细分类账簿之间的核对。

例如，会计部门有关实物资产的明细账与财产物资保管部门或使用部门的明细账定期核对，以检查其余额是否相符。核对的方法一般是由财产物资保管部门或使用部门定期编制收发结存汇总表报会计部门核对。

3.账实核对。

账实核对是指各项财产物资、债权债务等账面余额与实有数额之间的核对。账实核对的内容主要包括：（1）库存现金日记账账面余额与库存现金实际库存数逐日核对是否相符；（2）银行存款日记账账面余额与银行对账单的余额定期核对是否相符；（3）各项财产物资明细账账面余额与财产物资的实有数额定期核对是否相符；（4）有关债权债务明细账账面余额与对方单位的账面记录核对是否相符等。

造成账实不符的原因较多，如财产物资保管过程中发生的自然损耗；财产收发过程中由于计量或检验不准，造成多收或少收的差错；由于管理不善、制度不严造成的财产损坏、丢失和被盗等；在账簿记录中发生的重记、漏记和错记等；由于有关凭证未到，形成未达账项，成结算双方账实不符；发生意外灾害等。因此，需要通过定期的财产清查来弥补漏洞，保证会计信息真实可靠，提高企业管理水平。

（二）错账查找与更正的方法

1.错账查找方法。

在记账过程中，可能发生各种各样的差错，产生错账，如重记、漏记、数字颠倒、数字错位、数字记错、科目记错、借贷方向记反等，从而影响会计信息的准确性，应及时找出差错，并予以更正。错账查找的方法主要有差数法、尾数法、除2法、除9法这四种。

（1）差数法。差数法是指按照错账的差数查找错账的方法。在记账过程中只登记了会计分录的借方或贷方，漏记了另一方，从而形成试算平衡中借方合计与贷方合计不等。如借方金额遗漏，会使该金额在贷方超出；贷方金额遗漏，会使该金额在借方超出。对于这样的差错，可由会计人员通过回忆和与相关金额的记账核对来查找。

（2）尾数法。尾数法是指对于发生的差错只查找末位数，以提高查错效率的方法。这种方法适合于借贷方金额其他位数都一致，而只有末位数出现差错的情况。

（3）除2法。除2法是指以差数除以2来查找错账的方法。当某个借方金额错记入贷方（或相反）时，出现错账的差数表现为错误的2倍，将此差数用2去除，得出的商即是反向的金额。例如，应计入"银行存款"科目借方的1 000元误计入贷方，则该科目的期末余额将小于总分类科目期末余额20 000元，被2除的商1 000元即为借贷方向反向的金额。

（4）除9法。除9法是指以差数除以9来查找错账的方法，适用于以下三种情况：①将数字写小；②将数字写大；③邻数颠倒。

2.错账更正方法。

在记账过程中，可能由于种种原因会使账簿记录发生错误。对于发生的账簿记录错误，应该采用正确、规范的方法予以更正，不得涂改、挖补、刮擦或者用药水消除字迹，不得重新抄写。错账的更正方法一般有划线更正法、红字更正法和补充登记法三种。

（1）划线更正法。

在结账前发现账簿记录有文字或数字错误，而记账凭证没有错误，采用划线更正法。更正时，可在错误的文字或数字上划一条红线，在红线的上方填写正确的文字或数字，并由记账人员及会计机构负责人(会计主管人员)在更正处盖章，以明确责任。但应注意，更正时不得只划销错误数字，应将全部数字划销，并保持原有数字清晰可辨，以便审查。如记账凭证中的文字或数字发生错误，在尚未过账前，也可用划线更正法更正。

（2）红字更正法。

红字更正法，主要适用于以下两种情形：

①记账后发现记账凭证中的应借、应贷会计科目有错误所引起的记账错误。更正的方法是：用红字填写一张与原记账凭证完全相同的记账凭证，在摘要栏内写明"注销某月某日某号凭证"，并据以用红字登记入账，以示注销原记账凭证，然后用蓝字填写一张正确的记账凭证，并据以用蓝字登记入账。

②记账后发现记账凭证和账簿记录中应借、应贷会计科目无误，只是所记金额大于应记金额所引起的记账错误。更正的方法是：按多记的金额用红字编制一张与原记账凭证应借、应贷科目完全相同的记账凭证，在摘要栏内写明"冲销某月某日第×号记账凭证多记金额"，以冲销多记的金额，并据以用红字登记入账。

（3）补充登记法。

记账后发现记账凭证和账簿记录中应借、应贷会计科目无误，只是所记金额小于应记金额时，采用补充登记法。更正的方法是：按少记的金额用蓝字填制一张与原记账凭证应借、应贷科目完全相同的记账凭证，在摘要栏内写明"补记某月某日第×号记账凭证少记金额"，以补充少记的金额，并据以用蓝字登记入账。

错账更正的三种方法中红字更正法和补充登记法都是用来更正因记账凭证错误而产生的记账错误，如果非因记账凭证的差错而产生的记账错误，只是登账出现了差错，只能用划线更正法更正。

以上三种方法对当年内发现填写记账凭证或者登记账簿错误而采用的更正方法，如果发现以前年度记账凭证中有错误(指会计科目和金额)并导致账簿登记出现差错，应当用蓝字或黑字填制一张更正的记账凭证。因错误的账簿记录已经在以前会计年度终了进行结账或决算，不可能将已经决算的数字进行红字冲销，只能用蓝字或黑字凭证对除文字外的一切错误进行更正并在更正凭证上特别注明"更正××年度错账"的字样。

（三）结账

结账是指会计期末计算出各账户发生额及期末余额并作相应结转的工作。结账可以总结一定期间内的财务数据，为及时编制会计报表提供有益资料。根据结账时期不同，结账可分为月结、季结和年结。

结账方法的要点主要有：

1. 对不需按月结计本期发生额的账户，每次记账以后，都要随时结出余额，每月最后一笔余额是月末余额，即月末余额就是本月最后一笔经济业务记录的同一行内余额。月末结账时，只需要在最后一笔经济业务记录之下通栏划单红线，不需要再次结计余额。

应收账款——红星公司

2018年		凭证		摘要	日期	借方	贷方	借或贷	余额
月	日	种类	号数						
				承前页				借	400000
11	07	记	15	收到货款，存入银行			400000	平	0
	08	记	23	销售产品，款未收		930150		借	930150
	14	记	43	收到货款，存入银行			930150	平	0
	20	记	55	销售产品，款未收		2825550		借	2825550
	25	记	63	收到货款，存入银行			2825550	平	0
12	08	记	21	销售产品，款未收		1053000		借	1053000
	26	记	65	销售产品，款未收		1942200		借	1942200

2. 库存现金、银行存款日记账和需要按月结计发生额的收入、费用等明细账，每月结账时，要在最后一笔经济业务记录下面通栏划单红线，结出本月发生额和余额，在摘要栏内注明"本月合计"字样，并在下面通栏划单红线。

银行存款日记账

2018年		凭证		对方科目	摘要	总页	收入金额	付出金额	结存金额
月	日	种类	号数						
					承前页		35425330	25107760	29662570
11	24	记	61	库存现金	提现备用			100000	29562570
	25	记	62	营业外支出	对外捐款			200000	29362570
	25	记	63	应收账款	收到货款，存入银行		2825550		32188120
	26	记	64	应付账款	偿付前欠货款			2567200	29620920
	26	记	66	管理费用	支付水电费			290000	29330920
	27	记	67	原材料等	购材料，验收入库，款记付			186520	29144400
	29	记	69	主营业务收入等	销售产品，货款收存银行		7651800		36796200
	31				本月合计		45902680	28451480	36796200

3.对于需要结计本年累计发生额的明细账户,每月结账时,应在"本月合计"行下结出自年初起至本月末止的累计发生额,登记在月份发生额下面,在摘要栏内注明"本年累计"字样,并在下面通栏划单红线。12月末的"本年累计"就是全年累计发生额,全年累计发生额下通栏划双红线。

主营业务收入——甲产品

2018年		凭证		摘要	日期	借方	贷方	借或贷	余额
月	日	种类	号数						
				承前页		35721000	37491000	贷	1770000
11	24	记	60	销售产品,收到部分货款			375000	贷	2145000
	26	记	65	销售产品,款未收			300000	贷	2445000
	29	记	69	销售产品,货款收存银行			1200000	贷	3645000
	30	记	81	结转本月收入		3645000		平	0
	30			本月合计		3645000	3645000	平	0
	30			本年累计		39366000	39366000	平	0
12	13	记	39	销售产品,货款收存银行			1584000	贷	1584000
	16	记	46	销售产品,款未收			540000	贷	2124000
	20	记	51	销售产品,款未收			540000	贷	2664000
	22	记	59	销售产品,收到部分货款			396000	贷	3060000
	26	记	65	销售产品,款未收			300000	贷	2445000
	28	记	72	销售产品,货款收存银行			1440000	贷	4860000
	31	记	81	结转本月收入		4860000		平	0
	31			本月合计		4860000	4860000	平	0
	31			本年累计		44226000	44226000	平	0

4.总账账户平时只需结出月末余额。年终结账时,为了总括地反映全年各项资金运动情况的全貌,核对账目,要将所有总账账户结出全年发生额和年末余额,在摘要栏内注明"本年合计"字样,并在合计数下通栏划双红线。

库存现金 总分类账

2018年		凭证		摘要	日期	借方	贷方	借或贷	余额
月	日	种类	号数						
				承前页		21744100	21711000	借	113000
11	20	记汇	32	11—20日发生额		1920000	2010000	借	23000
	30	记汇	33	21—30日发生额		101000		借	124000
12	10	记汇	34	1—10日发生额		108000	90000	借	142000
	20	记汇	35	11—20日发生额		1728000	1809000	借	61000
	31	记汇	36	21—31日发生额		90900		借	151900
				本年合计		25692000	25620000	借	151900
				结转下年					

5.年度终了结账时,有余额的账户,应将其余额结转下年,并在摘要栏注明"结转下年"字样;在下一会计年度新建有关账户的第一行余额栏内填写上年结转的余额,并在摘要栏注明"上年结转"字样,使年末有余额账户的余额如实地在账户中加以反映,以免混淆有余额的账户和无余额的账户。

二、对账、查账及错账更正、结账的实训要求

请根据项目三的任务一及项目四的任务一至四 完成对账、查账及错账更正、结账。

任务六 银行余额调节表的编制

一、银行余额调节表的编制实训要求

（一）银行对账

要保证企业银行存款账簿记录的正确性，企业的出纳员就必须定期将企业应行存款日记账的记录与企业开户银行送来的对账单逐笔进行核对，包括发生额和余额。核对中如果发现企业和银行之间的记录不符，就可能基于以下两个原因：

1.记账有误。企业或银行在记账过程中由于各种原因发生了错误，如多记、少记、漏记或重复记账等，从而使双方的记录不相符。如果属于银行的错误，就应通知银行进行更正，如果属于企业的错误，企业则应按照相应错账更正方法进行更正。

2.未达账项。未达账项的存在所谓是引起企业银行存款的记账和银行对账单不符的主要原因。未达账项是指企业和银行由于收到相关凭证的时间不一致，一方已经入账，而另一方尚未登记入账的事项。未达账项一般有以下4种情况：

（1）银行已经入收款账，而企业尚未入收款账；

（2）银行已经付款入账，而企业尚未收款入账；

（3）企业已经入收款账，而银行尚未入收款账；

（4）企业已经付款入账，而银行尚未收款入账。

对于未达账项的调整，企业可通过编制银行存款余额调节表进行。

（二）银行存款余额调节表的编制方法

银行存款余额调节表的编制的基本原理是将银行存款日记账余额和银行对账单余额都调整的企业银行存款的实际余额。其调节公式如下：

银行存款日记账余额＋银行已收企业未收款项－银行已付企业未付款项

＝银行对账单余额＋企业已收银行未收款项－企业已付银行未付款项

值得注意的是，银行存款余额调节表只起到核对企业银行存款是否与银行记录相符的作用。对于未达账项，应在收到银行转来的结算凭证时，才能入账，不能根据银行存款余额调节表进行登记账簿。银行存款余额调节表的格式如下：

银行存款余额调节表

年　月　日　　　　　　　　　　　　　　　　　　　单位：元

项目	金额	项目	金额
银行存款日记账余额 加：银行已收，企业未收款项 减：银行已付，企业未付款项		企业对账单余额 加：企业已收，银行未收款项 减：企业已付，银行未付款项	
调整后余额		调整后余额	

二、银行余额调节表的编制实训资料

贵西绍军食品有限公司2019年5月15日已核对银行存款日记账，企业银行存款日记账和银行对账单余额相等，均为128 000元。5月16日—5月31日银行送来的对账单和企业银行存款日记账的记录如下：

银行对账单

2019年		结算凭证		摘要	借方金额	贷方金额	余额
月	日	种类	号数				
5	15						128 000
5	16	委收	#1018	收销货款		23 500	
5	17	现支	#3608	支付差旅费	1 500		
5	18	转支	#2861	支付广告费	5 000		
5	19	特转	#1621	存款利息		520	
5	20	本票	#1652	预收货款		12 000	

续表

2019年		结算凭证		摘要	借方金额	贷方金额	余额
月	日	种类	号数				
5	21	特转	#2385	贷款利息	1 860		
5	21	转支	#2860	付购料款	12 800		
5	23	委收	#4658	销货款		25 600	
5	24	专托	#1265	支付水电费	8 500		
5	26	转支	#4608	支付保险费	30 000		
5	27	现支	#3825	支付运费	500		
5	28	汇票	#5603	收回应收款		36 000	
5	29	转支	#4608	预付购料款	15 000		
5	30	转支	#3906	购办公用品	1 800		
5	31						148 660

银行存款日记账

2019年		结算凭证		凭证号	摘要	借方金额	贷方金额	余额
月	日	种类	号数					
5	15							128 000
5	16	现支	#3608	银付	预支差旅费		1 500	
5	17	汇票	#1003	银收	收到销货款	98 000		
5	18	转支	#2860	银付	支付购料费		12 800	
5	18	转支	#2861	银付	支付广告费		5 000	
5	19	汇票	#5603	银收	收回应收款	36 000		
5	20	转支	#3960	银付	购办公用品		1 800	
5	21	汇票	#5623	银付	购买设备		56 000	
5	22	转支	#4608	银付	预付购料款		15 000	
5	23	回单	#56	银付	出售材料	3 000		
5	24	本票	#1652	银收	预收货款	12 000		
5	25	现支	#3825	银付	支付运费		500	

续表

2019年		结算凭证		凭证号	摘要	借方金额	贷方金额	余额
月	日	种类	号数					
5	26	转支	#4609	银付	支付保险费		30 000	
5	27	委收	#1018	银收	收销贷款	23 500		
5	31	转支	#4725	银付	支付购料款		27 000	
5	31							150 900

三、银行余额调节表的编制实训要求

1. 将银行对账单和银行存款日记账逐笔进行核对,找出未达账项。
2. 编制5月31日银行存款余额调节表。

银行存款余额调节表

年　月　日　　　　　　　　　　　　　　　　　　　　　　　单位：元

项目	金额	项目	余额
银行存款日记账余额 加：银行已收，企业未收款项		企业对账单余额 加：企业已收，银行未收款项	
减：银行已付，企业未付款项		减：企业已付，银行未付款项	
调整后余额		调整后余额	

项目五　会计报表编制

在日常会计工作中，会计人员依据审核无误的原始凭证编制了记账凭证，再依据审核无误的记账凭证，分门别类地登记各个会计账簿，并进行对账与结账，至此，所形成的会计资料仍然是分散的。分散在众多会计账簿上的会计资料无法扼要地概括反映会计主体经济业务活动的全貌，不便于会计信息使用者了解会计主体的财务状况、经营成果及现金流量情况。因此，还必须在做好会计日常工作的基础上，定期编制财务报告。财务报表是财务报告的重要组成部分，而资产负债表、利润表又是财务报表的重要内容之一。根据填制会计凭证所形成的会计账簿资料正确编制资产负债表和利润表是会计核算的基本要求，也是会计人员的一项基本技能。

任务一　资产负债表的编制

一、资产负债表的编制实训指导

资产负债表中各项目的金额分别为"年初余额"和"期末余额"。

（一）资产负债表"年初余额"各项目填列

资产负债表"年初余额"栏内各项目数，应根据上年末资产负债表"期末余额"栏内所列数字填列。如果本年度资产负债表规定的各个项目的名称和内容与上年度不相一致，应对上年年末资产负债表各项目的名称和数字按照本年度的规定进行调整，填入本表"年初余额"栏内。

（二）资产负债表"期末余额"各项目填列

资产负债表"期末余额"栏内各项目数字应根据会计账簿的记录填列。大多数报表项目可以直接根据账户余额填列，少数报表项目则要根据账户余额计算填列。各项目的内容和具体的填列方法如下：

1.根据总账科目期末余额直接填列。

报表中"以公允价值计量且其变动计入当期损益的金融资产"、"交易性金融资产"、"递延所得税资产"、"短期借款"、"以公允价值计量且其变动计入当期损益的金融负债"、"交易性金融负债"、"应付职工薪酬"（若期末为借方余额，以"-"号填列）、"应交税费"（若期末为借方余额，以"-"号填列）、"预计负债"、"递延所得税负债"、"实收资本"、"资本公积"、"盈余公积"等项目，应该根据相关总分类账户的期末余额直接填制。

2.根据若干个总分类账户期末余额计算后的数字填列。

（1）"货币资金"项目应根据"库存现金"、"银行存款"、"其他货币资金"三个总账科目的期末余额的合计数填列；

（2）"其他应收款"项目，应根据"应收利息"、"应收股利"和"其他应收款"科目的期末余额合计数，减去"坏账准备"科目中相关坏账准备期末余额后的金额填列；

（3）"其他应付款"行项目，应根据"应付利息"、"应付股利"和"其他应付款"科目的期末余额合计数填列；

（4）在表结法下，"未分配利润"项目，应根据"本年利润"账户的余额加（减）"利润分配"账户的余额填列。未弥补的亏损，在本项目内以"-"号填列。

3.根据有关明细科目余额分析计算填列。

（1）"应收账款"项目应根据"应收账款"、"预收账款"科目所属各明细科目的期末借方余额合计数再扣除属于应收账款部分的坏账准备期末贷方余额后的金额填列；

（2）"预收账款"项目应根据"应收账款"、"预收账款"科目所属各明细科目的期末贷方余额合计填列；

（3）"应付账款"项目应根据"应付账款"、"预付账款"科目所属各明细科目的期末贷方余额合计填列；

（4）"预付账款"项目应根据"应付账款"、"预付账款"科目所属各明细科目的期末借方余额合计填列。

4.根据总账科目余额减去其备抵科目余额后的净额填列。

（1）"应收账款"、"长期股权投资"、"持有至到期投资"等项目，需要减去对应的"坏账准备"、"长期股权投资减值准备"、"持有至到期投资减值准备"等备抵项目科目的余额。

（2）"固定资产"项目，根据"固定资产"科目的期末余额减去"固定资产减值准备"和"累计折旧"备抵科目后的余额填列。

（3）"无形资产"项目，根据"无形资产"科目的期末余额减去"无形资产减值准备"和"累计摊销"备抵科目后的余额填列。

5.根据总账科目和明细科目余额分析计算填列。

"长期借款"项目，应根据"长期借款"总账余额扣除"长期借款"科目所属的明细科目中将在一年内到期的借款金额后的余额填列。

6.综合运用上述填列方法分析填列。

"存货"项目，应根据"在途物资"、"原材料"、"周转材料"、"库存商品"、"材料采购"、"材料成本差异"、"生产成本"、"受托代销商品"、"委托加工物资"等科目的期末余额合计数减去"受托代销商品款"、"存货跌价准备"科目的期末余额后的金额填列。

二、资产负债表编制的实训

根据项目三至项目四的有关资料，编制2019年1月31日贵西绍军食品有限公司的资产负债表。

资产负债表

会企01表

编制单位：贵西绍军食品有限公司　2019年1月31日　　　　　　　　　　　　　　　　单位：元

资产	期末余额	年初余额	负债和所有者权益（或股东权益）	期末余额	年初余额
流动资产：			流动负债：		
货币资金			短期借款		
以公允价值计量且其变动计入当期损益的金融资产			以公允价值计量且其变动计入当期损益的金融负债		
衍生金融资产			衍生金融负债		
应收票据及应收账款			应付票据及应付账款		
预付款项			预收款项		
其他应收款			应付职工薪酬		
存货			应交税费		
持有待售资产			其他应付款		
一年内到期的非流动资产			持有待售负债		
其他流动资产			一年内到期的非流动负债		
流动资产合计			其他流动负债		
非流动资产：			流动负债合计		
可供出售金融资产			非流动负债：		
持有至到期投资			长期借款		
长期应收款			应付债券		
长期股权投资			其中：优先股		
投资性房地产			永续债		
固定资产			长期应付款		
在建工程			预计负债		
生产性生物资产			递延收益		
油气资产			递延所得税负债		
无形资产			其他非流动负债		
开发支出			非流动负债合计		
商誉			负债合计		

续表

资　产	期末余额	年初余额	负债和所有者权益（或股东权益）	期末余额	年初余额
长期待摊费用			所有者权益（或股东权益）：		
递延所得税资产			实收资本（或股本）		
其他非流动资产			其他权益工具		
非流动资产合计			其中：优先股		
			永续债		
			资本公积		
			减：库存股		
			其他综合收益		
			盈余公积		
			未分配利润		
			所有者权益（或股东权益）合计		
资产总计			负债和所有者权益（或股东权益）总计		

任务二　利润表的编制

一、利润表的编制实训指导

（一）多步式利润表

我国《企业会计准则》规定的利润表的标准格式为多步式利润表，即按照各项收入、费用以及构成利润的各个项目分类、分项列示，最终得出企业的本期净利润。

利润表的项目排列顺序实际上反映了净利润形成的过程。概括起来，这一过程包括三个步骤，即：

第一步：计算营业利润。

营业利润＝营业收入－营业成本－税金及附加－销售费用－管理费用－财务费用±投资收益±公允价值变动损益－资产减值损失

第二步：计算利润总额。

利润总额＝营业利润＋营业外收入－营业外支出

第三步：计算净利润。

$$净利润＝利润总额－所得税费用$$

（二）利润表主要项目的内容及其填列方法

利润表中各项目的金额分别为"本期金额"和"上期金额"。

利润表的"本期金额"栏反映各项目的本期实际数。

利润表的"上期金额"栏反映各项目的上期实际数，根据上期利润表的"本期金额"栏填列或分析填列。

1."营业收入"项目。

"营业收入"反映企业经营业务所取得的收入总额。本项目应根据"主营业务收入"科目的发生额加上"其他业务收入"科目的发生额合计填列。

2."营业成本"项目。

"营业成本"反映企业经营业务所发生的实际成本。本项目应根据"主营业务成本"科目的发生额加上"其他业务成本"科目的发生额合计填列。

3."税金及附加"项目。

"税金及附加"反映企业经营业务应负担的消费税、城市维护建设税、资源税、土地增值税、教育费附加、车船税等。本项目应根据"税金及附加"科目的发生额分析填列。

4."销售费用"项目。

"销售费用"反映企业在销售商品过程中发生的费用。本项目应根据"销售费用"科目的发生额分析填列。

5."管理费用"项目。

"管理费用"反映企业发生的管理费用。本项目应根据"管理费用"科目的发生额扣除"管理费用"科目下的"研发费用"明细科目的发生额分析填列。

6."研发费用"项目。

"研发费用"反映企业进行研究与开发过程中发生的费用化支出。该项目应根据"管理费用"科目下的"研发费用"明细科目的发生额分析填列。

7."财务费用"项目。

"财务费用"反映企业发生的财务费用。本项目应根据"财务费用"科目的发生额分析填列。

8."投资收益"项目。

"投资收益"反映企业以各种方式对外投资所取得的收益。本项目应根据"投资收益"科目的发生额分析填列；如为投资损失，以"－"号填列。

9."资产减值损失"项目。

"资产减值损失"反映企业各项资产发生的减值损失。本项目应根据"资产减值损失"科目的发生额分析填列。

10."公允价值变动损益"项目。

"公允价值变动损益"反映企业按照相关准则规定应当计入当期损益的资产或负债公允价值变动净收益。如交易性金融资产当期公允价值的变动额。如为净损失，以"－"号填列。

11. "其他收益"项目。

"其他收益"项目反映计入其他收益的政府补助等。该项目应根据"其他收益"科目的发生额分析填列。

12. "资产处置收益"项目。

"资产处置收益"项目反映企业出售划分为持有待售的非流动资产（金融工具、长期股权投资和投资性房地产除外）或处置组（子公司和业务除外）时确认的处置利得或损失，以及处置未划分为持有待售的固定资产、在建工程、生产性生物资产及无形资产而产生的处置利得或损失。债务重组中因处置非流动资产产生的利得或损失和非货币性资产交换中换出非流动资产产生的利得或损失也包括在本项目内。该项目应根据"资产处置损益"科目的发生额分析填列；如为处置损失，以"-"号填列。

13. "营业利润"项目。

"营业利润"反映企业实现的营业利润总额。如为亏损总额，以"-"号填列。

14. "营业外收入"项目和"营业外支出"项目。

"营业外收入"项目和"营业外支出"反映企业发生的与其生产经营无直接关系的各项收入和支出。这两个项目分别根据"营业外收入"科目和"营业外支出"科目的发生额分析填列。

15. "利润总额"项目。

"利润总额"反映企业实现的利润总额。如为亏损总额，以"-"号填列。

16. "所得税费用"项目。

"所得税费用"反映企业按规定从本期损益中减去的企业所得税。本项目应根据"所得税费用"科目的发生额分析填列。

17. "净利润"项目。

"净利润"反映企业实现的净利润。如为亏损数，以"-"号填列。

二、利润表编制的实训

根据项目三、项目四的有关资料，编制2019年1月份日贵西绍军食品有限公司的利润表。

利 润 表　　　　　　　　　　　　会企02表

编制单位：贵西绍军食品有限公司　　2019年1月　　　　　　　　单位：元

项 目	本期金额	上期金额
一、营业收入		
减：营业成本		
税金及附加		
销售费用		
管理费用		
研发费用		

续表

项　　目	本期金额	上期金额
财务费用		
其中：利息费用		
利息收入		
资产减值损失		
加：其他收益		
投资收益（损失以"—"号填列）		
其中：对联营企业和合营企业的投资收益		
公允价值变动收益（损失以"—"号填列）		
资产处置收益（损失以"—"号填列）		
二、营业利润（亏损以"-"号填列）		
加：营业外收入		
减：营业外支出		
三、利润总额（亏损总额以"—"号填列）		
减：所得税费用		
四、净利润（净亏损以"—"号填列）		
（一）持续经营净利润（净损失以"—"号填列）		
（二）终止经营净利润（净损失以"—"号填列）		
五、其他综合收益的税后净额		
（一）以后不能重分类进损益的其他综合收益		
1.重新计量设定受益计划净负债或净资产的变动		
2.权益法下在被投资单位不能重分类进损益的其他综合收益中享有的份额		
……		
（二）以后将重分类进损益的其他综合收益		
1.权益法下在被投资单位以后将重分类进损益的其他综合收益中享有的份额		
2.可供出售金融资产公允价值变动损益		
3.持有至到期投资重分类为可供出售金融资产损益		

续表

项　　目	本期金额	上期金额
4.现金流量套期损益的有效部分		
5.外币财务报表折算差额		
……		
六、综合收益总额		
七、每股收益		
（一）基本每股收益		
（二）稀释每股收益		

项目六　综合实训

一、企业基本情况

江西永红服装有限公司位于庐山脚下、长江之滨、鄱阳湖畔的中国魅力城市——江西省九江市。该公司是一家专业从事服装生产与销售的企业。

（一）公司注册相关信息

1. 公司注册名称：江西永红服装有限公司。
2. 统一社会信用代码：91360403159317662E。
3. 公司注册地址：九江市人民路136号。
4. 公司注册资本：公司由自然人投资成立，总注册资本为人民币30万元。
5. 公司性质：有限责任公司。
6. 公司法人代表：罗国伟。
7. 公司经营电话：0792—8236666。
8. 公司经营范围：主要从事中档男女式棉毛衣的生产和销售。

证照编号：068120012845

营业执照

(副 本) 1-1

统一社会信用代码 91360403159317662E

名　　　称 江西永红服装有限公司

类　　　型 有限责任公司（自然人投资或控股）

住　　　所 九江市人民路136号

法定代表人 罗国伟

注 册 资 本 叁拾万元整

成 立 日 期 2017年8月12日

营 业 期 限 2017年8月12日至长期

经 营 范 围 服装生产和销售（依法须经批准的项目，经相关部门批准后方可开展经营活动）*

登记机关

2017年8月12日新发

提示：请于每年1月1日至6月30日通过"江西省企业信用信息公示系统"报送年报，即时信息按规定公示。

企业信用信息公示系统网址： 中华人民共和国国家工商行政管理总局监制

（二）公司银行账户相关信息

1.基本户账户名称：中国建设银行九江浔中支行。

2.基本户账号：6213210009026407818。

3.银行预留印鉴。

（三）公司税务相关信息

1.纳税人性质：增值税小规模纳税人。

2.纳税人登记号：913604031593I7662E。

3.国税主管税务机关：九江市国家税务局浔阳区分局。

4.地税主管税务机关：九江市地方税务局浔阳区分局。

5.税种鉴定情况：

序号	税种名称	税率（征收率）(%)	申报方式	主管税务局
1	增值税	3	按季申报	国税局
2	企业所得税	25	年末汇算清缴	国税局
3	城市维护建设税	7	按季申报	地税局
4	教育费附加	3	按季申报	地税局
5	地方教育费附加	2	按季申报	地税局
6	其他税种本实训不考虑			

6.国地税合并后主管税务机关为九江市税务局浔阳区分局。

7.本企业为小规模纳税人企业，会计核算相对健全，如符合小型微利企业所得税优惠政策，其所得减按50%计入应纳税所得额，适用的企业所得税税率为20%（不考虑纳税调整事项），经主管税务机关同意，所得税年末汇算清缴。其他税费选择按季申报（为了更加清晰地反映每个月的税费情况，在会计核算时，每月月末计提所需缴纳的税费，季度末如果符合免税情况再转回）。税款征收方式采取查账征收方式。

二、公司组织架构与生产工艺流程

因2018年5月1日起增值税小规模纳税人年应征增值税销售额标准增加为500万元及以下。所以本企业计划在2018年11月扩大生产规模。

（一）组织机构及主要责任人，如下表所示

组织机构及主要责任人

部 门	主要负责人员	职 务
总经办	罗国伟	总经理
销售部	罗敏红	销售经理
行政部	郑 华	行政经理
财务部	李岚芝	财务经理
仓库部	李 强	仓库主任
生产部	陈 东	车间主任

（二）生产组织与工艺流程

1.公司下设一个生产车间，一个专设销售部和行政部等六个部门。

2.公司主要生产中档男女式棉毛套装，生产流程是平时从仓库领用莱卡棉等材料，进行加工，生产出产品完工验收合格后，送交仓库，待销售时再从产品仓库领出产品。

3.生产工艺流程图。

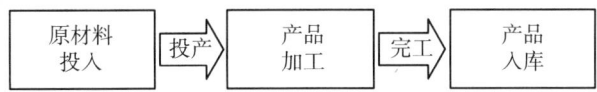

（三）公司存货资料

1.耗用材料：

类别	品名	单位
原料及主要材料	纯色莱卡棉	米
	花色莱卡棉	米
	领口	包（50个）
	袖口	包（50对）
	脚口	包（50对）
辅助材料	松紧带	卷（50米）
	线	塔

2.生产产品：均码男式棉毛套装、均码女式棉毛套装。

三、公司会计核算相关内容

（一）公司会计核算体制与方法

采用借贷记账法，记账凭证采用通用记账凭证，会计核算以权责发生制为记账基础，采用科目汇总表账务处理程序。

（二）公司会计核算相关政策

1.流动资产部分。

（1）库存现金管理：实行限额管理，库存现金限额为2 000元，库存现金的使用按《库存现金管理暂行条例》的规定执行。

（2）银行存款管理：江西永红服装有限公司在中国建设银行九江浔中支行开设了一个基本账户，基本户账号为6213210009026407818。

2.存货部分。

（1）公司原材料采用实际成本法组织日常核算，发出材料的成本采用全月一次加权平均法计价，单位成本保留2位小数，于月末根据"领料单"编制"发料汇总及分配表"集中核算。

（2）周转材料、库存商品采用实际成本法组织日常核算，本月入库库存商品的实际成本于月末根据"入库单"编制"完工产品成本计算表"一次结转，发出周转材料、库存商品采用全月一次加权平均法计算，单位成本保留2位小数，于月末根据"出库单"编制"已销产品成本计算表"一次结转。本月投产产品本月全部完工，月末没有在产品。

（3）生产成本下设四个成本项目分别为：直接材料、直接人工、动力费用、制造费用。

（4）直接人工、制造费用以工时为分配标准，分配率保留4位小数。

3.固定资产部分。

公司固定资产折旧采用年限平均法分类计提折旧，房屋建筑物月折旧率为0.4%，机器设备月折旧率为0.8%，运输设备月折旧率为2%。

4.其他内容。

（1）差旅费：差旅费报销采用实报实销制度，出差餐饮补助每人每天定额100元，按出差天数算头计尾。

（2）本年税后利润按10%提取法定盈余公积，按5%提取任意盈余公积、按80%向投资者分配利润。

（3）公司预收、预付款业务量少，平时如有相关预收预付业务不通过"预收账款"和"预付账款"科目，在"应收账款"和"应付账款"科目下核算。

（三）公司相关税务政策

1.增值税纳税人根据纳税人的经营规模以及会计核算的健全程度不同分为一般纳税人和小规模纳税人；增值税小规模纳税人，是指年应税销售额在规定标准以下，并且会计核算不健全，不能按规定报送有关税务资料的增值税纳税人，江西永红服装有限公司为增值税小规模纳税人企业。

2.增值税小规模纳税人标准为年应征增值税销售额500万元及以下。根据《财政部 税务总局关于统一增值税小规模纳税人标准的通知》（财税〔2018〕33号文件），自2018年5月1日起执行。

3.根据《国家税务总局关于小微企业免征增值税有关问题的公告》(国家税务总局公告2017年第52号)，增值税小规模纳税人应分别核算销售货物，提供加工、修理修配劳务的销售额，和销售服务、无形资产的销售额。增值税小规模纳税人销售货物或者加工、修理修配劳务月销售额不超过3万元(按季纳税9万元)，销售服务、无形资产月销售额不超过3万元(按季纳税9万元)的，自2018年1月1日起至2020年12月31日，可分别享受小微企业暂免征收增值税优惠政策。

4.小型微利企业，是指从事国家非限制和禁止行业，并符合下列条件的企业：

（1）工业企业，年度应纳税所得额不超过50万元，从业人数不超过100人，资产总额不超过3 000万元；

（2）其他企业，年度应纳税所得额不超过50万元，从业人数不超过80人，资产总额不超过1 000万元。

根据《财政部 税务总局关于扩大小型微利企业所得税优惠政策范围的通知》（财税

〔2017〕43号文件），自2017年1月1日至2019年12月31日，对年应纳税所得额低于50万元（含50万元）的小型微利企业，其所得减按50%计入应纳税所得额，按20%的税率缴纳企业所得税。

5.根据《财政部、国家税务总局关于扩大有关政府性基金免征范围的通知》（财税〔2016〕12号）文件：从2016年2月1日起，对月销售额或营业额不超过10万元的小微企业，免征教育费附加、地方教育附加、水利建设基金。

四、实训操作要求

（一）熟悉资料

通读全部资料，熟悉公司的基本情况及所采用的会计核算程序、具体的会计处理方法和有关制度规定，了解该公司生产经营等业务活动情况。

（二）建账

按照会计工作的实际需要，先根据实训资料建立总账、日记账和明细分类账并登记各账户的期初余额，进行对账和试算平衡，确保正确无误后方可进行经济业务的账务处理。

（三）填制凭证

1.审核原始凭证。

处理每项经济业务时，必须先认真审核原始凭证，确保原始凭证所反映的经济业务内容和数据完全真实准确。本实训假设涉及的原始凭证都已经过审核。

2.填制和审核记账凭证。

记账凭证采用通用记账凭证，根据审核无误的原始凭证填制记账凭证，填制完毕后，应仔细审核其账户名称、金额及其他凭证要素等。

（四）登记账簿

登记账簿时，对现金日记账、银行存款日记账和有关明细分类账，应在业务发生时根据审核无误的会计凭证逐笔序时登记。期末，根据审核无误的记账凭证开T型账，编制科目汇总表，试算平衡，根据科目汇总表登记总分类账。登账完成后应核对账证记录，确保准确无误。

（五）对账和结账

期末结账前应先认真进行对账，包括账证核对和账账核对，如有不符，按正确的方法进行错账更正，结出每个账户的本期发生额和期末余额。

（六）编制财务报表

结账完成后，根据账簿记录编制资产负债表和利润表。

（七）装订归档

将已填制的记账凭证加具凭证封面装订成册。对各类明细分类账账页排列顺序进行编号。账簿按类别装订成册。会计报表也应加具封面装订成册。账、证、表分类装订成册并进行归档保管。

（八）12月业务

为锻炼参训者识别、判断、分析、审核原始凭证的能力，本实训教材将12月份的经济业务资料原始凭证按时间先后顺序排列，参训者运用会计理论知识和核算方法将原始凭证归类并正确编制记账凭证。

附：实训素材清单

项　　目	数量	项　　目	数量
综合账册	1本	差旅费报支单	2张
其中：扉页	1张	凭证封面、包角纸等	2套
现金日记账	2张	科目汇总表工作底稿T型账	4张
银行存款日记账	2张	科目汇总表（代试算平衡表）	4张
三栏式明细分类账	30张	资产负债表	4张
数量金额式明细分类账	10张	利润表	4张
多栏式费用明细分类账	6张	剪刀、小刀	各1把
生产成本明细分类账（产品成本计算单）	4张	计算器	1个
应交增值税明细分类账	3张	直尺	1把
应付职工薪酬明细分类账	3张	红、黑水笔	各1支
三栏式总分类账	30张	小铁夹	3~5个
通用记账凭证	2本	固体胶	1支

注：空白账证表均已包含机动数20%~50%。

五、2018年10月份账户余额资料与相关业务资料

（一）江西永红服装有限公司2018年10月31日账户余额

账户余额表

2018年10月31日　　　　　　　　　　　　　　　　　　　金额单位：元

总账科目	明细科目	借方余额	贷方余额
一、资产类			
库存现金		800.00	
银行存款		169 983.95	
应收票据		8 000.00	
	九江爱华百货公司	8 000.00	

续表

总账科目	明细科目	借方余额	贷方余额
应收账款		45 000.00	
	九江联盛超市	15 000.00	
	沃尔玛九江庐山南路分店	30 000.00	
其他应收款		600.00	
	张丽	600.00	
原材料		12 895.00	
	原料及主要材料	11 620.00	
	辅助材料	1 275.00	
周转材料		405.00	
	包装物	225.00	
	低值易耗品	180.00	
库存商品		23 220.00	
	男式棉毛套装	11 100.00	
	女式棉毛套装	12 120.00	
固定资产		255 000.00	
	房屋建筑物	180 000.00	
	机器设备	15 000.00	
	运输设备	60 000.00	
累计折旧			38 250.00
二、负债类			
短期借款			100 000.00
应付票据			10 000.00
	南昌洪燕布匹公司		10 000.00
应付账款			7 136.00
	九江华实布料公司		7 136.00
应付职工薪酬			20 496.40
	工资		10 800.00

续表

总账科目	明细科目	借方余额	贷方余额
	社会保险费		2 786.40
	住房公积金		1 080.00
	职工福利费		3 080.00
	职工教育经费		2 750.00
应交税费			3 532.80
	应交增值税		1 815.00
	应交企业所得税		1 500.00
	应交城市维护建设税		127.05
	应交教育费附加		54.45
	应交地方教育费附加		36.30
其他应付款			600.00
	张丽		200.00
	李红		200.00
	王蓓		200.00
应付利息			2 138.75
三、所有者权益			
实收资本			300 000.00
	罗国伟		200 000.00
	罗敏红		100 000.00
资本公积			5 000.00
盈余公积			3 750.00
	法定盈余公积		2 500.00
	任意盈余公积		1 250.00
本年利润			20 000.00
利润分配	未分配利润		5 000.00
合计		515 903.95	515 903.95

（二）江西永红服装有限公司1~10月损益类账户发生额

损益类账户发生额表　　　　　　　　　　　　　　　　　金额单位：元

账户名称	10月发生额	1~10月累计发生额
主营业务收入	60 000.00	338 650.00
其他业务收入	500.00	3 000.00
营业外收入	—	1 000.00
主营业务成本	44 305.00	271 320.06
其他业务成本		1 000.00
税金及附加	217.80	1 229.94
销售费用	500.00	3 100.00
管理费用	5 800.00	45 000.00
财务费用	350.00	800.00
营业外支出	—	200.00

（三）江西永红服装有限公司2018年10月份有关明细账户余额

原材料明细账户余额表

2018年10月31日　　　　　　　　　　　　　　　　　　　金额单位：元

类别	品名	单位	数量	单位成本	金额
原料及主要材料	纯色莱卡棉	米	100	40.00	4 000.00
	花色莱卡棉	米	120	41.00	4 920.00
	领口	包（50个）	30	25.00	750.00
	袖口	包（50对）	30	25.00	750.00
	脚口	包（50对）	30	40.00	1 200.00
	小计				11 620.00
辅助材料	松紧带	卷（50米）	15	75.00	1 125.00
	线	塔	30	5.00	150.00
	小计				1 275.00
合计					12 895.00

周转材料明细账户余额表

2018年10月31日 　　　　　　　　　　　　　金额单位：元

品名	单位	数量	单位成本	金额
包装物类				225.00
男棉毛套装袋	包（100个）	20	5.00	100.00
女棉毛套装袋	包（100个）	25	5.00	125.00
低值易耗品类				180.00
裁案	张	3	60.00	180.00
合计				405.00

库存商品明细账户余额表

2018年10月31日 　　　　　　　　　　　　　金额单位：元

品名	单位	数量	单位成本	金额
男式棉毛套装	套	100	111.00	11 100.00
女式棉毛套装	套	120	101.00	12 120.00
合计				23 220.00

（四）公司购销客户相关资料

单位名称	开户银行	账号	单位地址及电话	税务登记号码
九江联盛超市连锁股份有限公司	九江银行长江支行	727160765677875321	九江市浔阳路19号 0792－8989315	913604035787684111E
沃尔玛（江西）百货有限公司九江庐山南路分店	中行九江名湖支行	6035567323267546786	九江市庐山南路名湖广场 0792－8188960	913604000683458810M
九江爱华百货有限公司	建行九江湖滨支行	6213567898778765 67	九江市滨湖路56号 0792－8776789	913604035678654 56E
南昌洪燕布匹有限公司	建行南昌东湖支行	6387654343231 23536	南昌市洪城路167号 0791－25675325	913601062256 72656E
南昌洪城大世界布匹有限公司	工行南昌洪城支行	6216754352655 67657	南昌市胜利路17号 0791－82176872	913601065560 37415M
九江华实布料有限公司	中行九江大树下支行	6035567323223545632	九江市青年路67号 0792－8126532	913604765677 65543M
九江兴达缝纫机器设备有限公司	工行九江南湖支行	6237866656554 65421	九江市姚家洼23号 0792-8126567	913604675434 56772E

六、2018 年 10 月份会计报表

资产负债表

编制单位：江西永红服装有限公司　　　2018 年 10 月 31 日　　　金额单位：元

资产	期末余额	年初余额	负债和所有者权益（或股东权益）	期末余额	年初余额
流动资产：			流动负债：		
货币资金	170 783.95	166 000.00	短期借款	100 000.00	100 000.00
交易性金融资产			交易性金融负债		
衍生金融资产			衍生金融负债		
应收票据及应收账款	53 000.00	56 500.00	应付票据及应付账款	17 136.00	15 000.00
预付款项			预收款项		
其他应收款	600.00	500.00	合同负债		
存货	36 520.00	40 000.00	应付职工薪酬	20 496.40	21 000.00
合同资产			应交税费	3 532.80	3 200.00
持有待售资产			其他应付款	2 738.75	2 738.75
一年内到期的非流动资产			持有待售负债		
其他流动资产			一年内到期的非流动负债		
流动资产合计	260 903.95	263 000.00	其他流动负债		
非流动资产：			流动负债合计	143 903.95	141 938.75
债权投资			非流动负债：		
其他债权投资			长期借款		
长期应收款			应付债券		
长期股权投资			其中:优先股		
其他权益工具投资			永续债		
其他非流动金融资产			长期应付款		
投资性房地产			预计负债		

续表

资产	期末余额	年初余额	负债和所有者权益（或股东权益）	期末余额	年初余额
固定资产	216 750.00	218 790.00	递延收益		
在建工程			递延所得税负债		
生产性生物资产			其他非流动负债		
油气资产			非流动负债合计	143 903.95	141 938.75
无形资产			负债合计	143 903.95	141 938.75
开发支出			所有者权益（或股东权益）：		
商誉			实收资本（或股本）	300 000.00	300 000.00
长期待摊费用			其他权益工具		
递延所得税资产			其中：优先股		
其他非流动资产			永续债		
非流动资产合计	216 750.00	218 790.00	资本公积	5 000.00	5 000.00
			减：库存股		
			其他综合收益		
			盈余公积	3 750.00	3 750.00
			未分配利润	25 000.00	31 101.25
			所有者权益（或股东权益）合计	333 750.00	339 851.25
资产合计	477 653.95	481 790.00	负债和所有者权益（或股东权益）总计	477 653.95	481 790.00

利 润 表

编制单位：江西永红服装有限公司　　　　2018年10月　　　　金额单位：元

项　目	本期金额	上期金额
一、营业收入	60 500.00	58 600.00
减：营业成本	44 305.00	43 250.00
税金及附加	217.80	210.96
销售费用	500.00	300.00

续表

项　　目	本期金额	上期金额
管理费用	5 800.00	5 600.00
研发费用		
财务费用	350.00	300.00
其中：利息费用	350.00	300.00
利息收入		
资产减值损失		
加：其他收益		
投资收益（损失以"—"号填列）		
其中：对联营企业和合营企业的投资收益		
公允价值变动收益（损失以"—"号填列）		
资产处置收益（损失以"—"号填列）		
二、营业利润（亏损以"–"号填列）	9 327.20	8 939.04
加：营业外收入		1 000.00
减：营业外支出		200.00
三、利润总额（亏损总额以"—"号填列）	9 327.20	9 739.04
减：所得税费用		
四、净利润（净亏损以"—"号填列）	9 327.20	9 739.04
（一）持续经营净利润（净损失以"—"号填列）		
（二）终止经营净利润（净损失以"—"号填列）		
五、其他综合收益的税后净额		
（一）以后不能重分类进损益的其他综合收益		
1.重新计量设定受益计划净负债或净资产的变动		
2.权益法下在被投资单位不能重分类进损益的其他综合收益中享有的份额		
……		
（二）以后将重分类进损益的其他综合收益		
1.权益法下在被投资单位以后重分类进损益的其他综合收益中享有的份额		

续表

项　　目	本期金额	上期金额
2.可供出售金融资产公允价值变动损益		
3.持有至到期投资重分类为可供出售金融资产损益		
4.现金流量套期损益的有效部分		
5.外币财务报表折算差额		
……		
六、综合收益总额		
七、每股收益		
（一）基本每股收益		
（二）稀释每股收益		

七、2018年11月份经济业务资料

2018年11月份经济业务描述目录：

业务1：1日，提现。

业务2：1日，购买会议记录本和签字笔。

业务3：2日，郑华出差考察市场借支差旅费。

业务4：2日，从南昌洪城大世界布匹公司采用赊购方式采购原材料。

业务5：3日，收回九江联盛超市应收账款。

业务6：3日，银行贷款还本付息。

业务7：4日，付快递费。

业务8：4日，交规罚款。

业务9：4日，生产领料。

业务10：4日，预付布匹款。

业务11：5日，郑华报销差旅费。

业务12：5日，销售男式棉毛套装90套，女式棉毛套装100套，收到货款。

业务13：5日，银行贷款。

业务14：6日，完工入库男式棉毛套装150套，女式棉毛套装150套。

业务15：6日，支付10月电话费。

业务16：7日，领用包装袋男式15包，女式15包。

业务17：8日，支付前欠九江华实布料公司货款。

业务18：10日，购买高速成平缝机。

业务19：12日，从南昌洪城大世界布匹公司购料并付款。

业务20：12日，发放10月工资。

业务21：12日，缴纳10月份住房公积金及社会保险费。

业务22：13日，销售男式棉毛套装90套，女式棉毛套装80套，款未收。

业务23：14日，生产领料。

业务24：15日，完工入库男式棉毛套装1300套，女式棉毛套装1350套。

业务25：16日，收到职工李红违反公司纪律交来的罚款。

业务26：17日，销售男式棉毛套装1000套，女式棉毛套装1050套，收到银行承兑汇票。

业务27：20日，支付广告费。

业务28：21日，收到投资。

业务29：22日，出售布料边角料。

业务30：25日，购料未入库。

业务31：25日，支付本月水电费。

业务32：30日，计提本月职工薪酬。

业务33：30日，计算发出材料加权平均单位成本。

业务34：30日，计提本月折旧。

业务35：30日，分配制造费用。

业务36：30日，结转完工产品成本。

业务37：30日，结转已销产品成本。

业务38：30日，计提本月利息。

业务39：30日，计提城建税、教育费附加和地方教育费附加。

业务40：30日，结转损益类科目。

业务（1）

业务（2-1）

费用报销单

报销部门：办公室　　2018年11月01日　　单据及附件共 1 张

用　　途	金额（元）	备注	
购买会议记录本、签字笔	¥200.—		
		领导审批	同意支付 郑华 2018年11月01日
合　　计	¥:200.—		

金额大写：贰佰元整　　原借款：　　元　　应退余款：　　元

总经理：罗国伟　会计：李岚芝　出纳：陈莉敏　报销人：李丽　领款人：

（现金付讫）

业务（2-2）

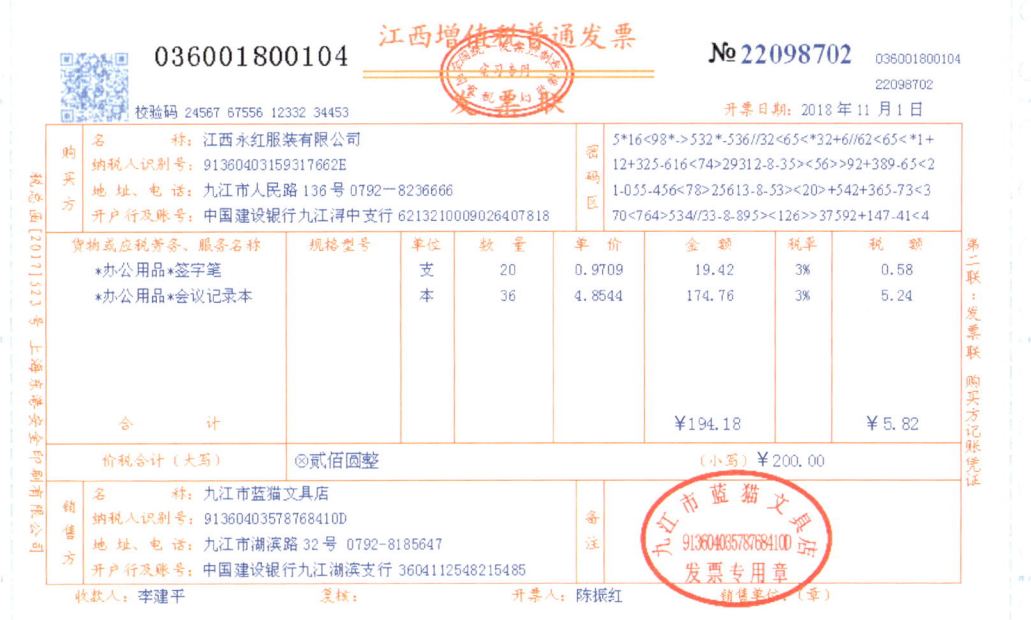

业务（3）

借 款 单

资金性质： 现金   2018年 11月 02日

借款部门	江西永红服装有限公司 行政部		
借款理由	考察市场		
借款金额	人民币（大写）壹仟元整		¥：1000.—
本单位负责人意见		借款人（签章）郑华	
领导批示： 同意支付 罗国伟 2018年11月02日	会计主管人员核批： 李岚芝	付款记录： 年 月 日以第 号 陈莉敏 支票或现金支出凭单付给	

（现金付讫）

业务（4-1）

江西永红服装有限公司收料单

2018年11月02日　　　　　　　　№ 1811001

交来单位及部门	南昌洪城大世界布匹公司		验收仓库	一号仓库	入库日期	2018年11月02日	
编号	存货名称及规格	单位	数量		实际价格		
			应收	实收	单价	金额	
001	纯色莱卡棉	米	3 200	3 200	40.00	128 000.00	第三联 财务联
002	花色莱卡棉	米	2 920	2 920	41.00	119 720.00	
003	松紧带	卷	100	100	75.00	7 500.00	
004	线	塔	200	200	5.00	1 000.00	
	合　计						

会计：李岚芝　　仓库主管：李强　　经办人：李庆　　制单人：王小英

业务（4-2）

江西永红服装有限公司收料单

2018年11月02日　　　　　　　　№ 1811002

交来单位及部门	南昌洪城大世界布匹公司		验收仓库	一号仓库	入库日期	2018年11月02日	
编号	存货名称及规格	单位	数量		实际价格		
			应收	实收	单价	金额	
005	领口	包	40	40	25.00	1 000.00	第三联 财务联
006	袖口	包	40	40	25.00	1 000.00	
007	脚口	包	40	40	40.00	1 600.00	
	合　计					259 820.00	

会计：李岚芝　　仓库主管：李强　　经办人：李庆　　制单人：王小英

业务（4-3）

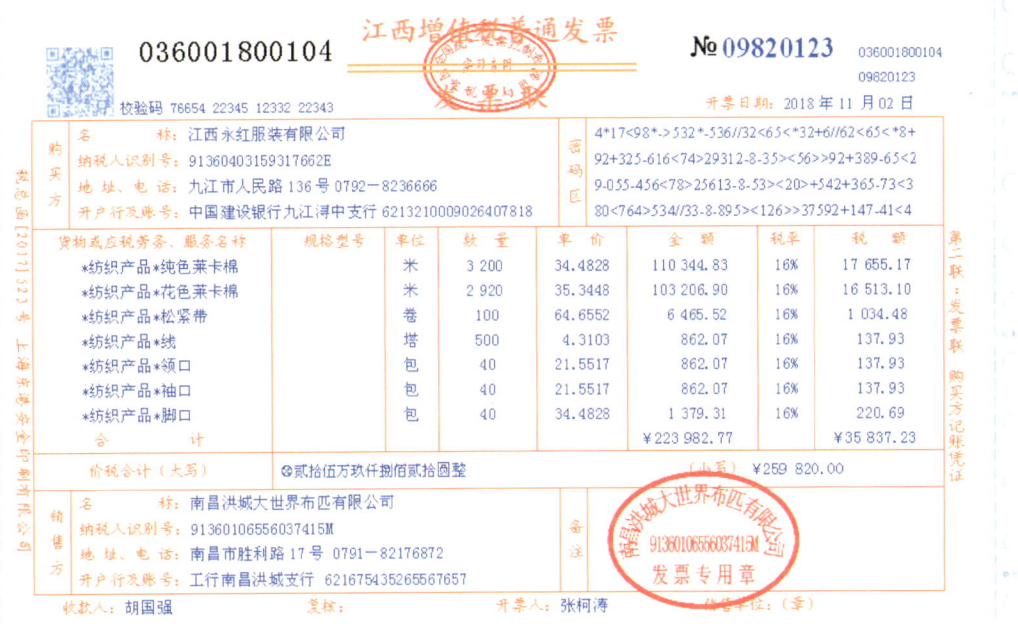

业务（5）

中国建设银行单位客户专用回单

币别：人民币		2018年11月03日			流水号：360602145008000001	
付款人	全称	九江联盛超市股份有限公司	收款人	全称	江西永红服装有限公司	贷方回单
	账号	727160765677875321		账号	6213210009026407818	
	开户行	九江银行长江支行		开户行	中国建设银行九江浔中支行	
金额		（大写）人民币壹万伍仟元整			（小写）¥15 000.00	
凭证种类		电子转账凭证	凭证号码		000206824804	
结算方式		转账	用途		货款	
			打印柜员：360660450001 打印机构：九江浔中支行 打印卡号：3606600001001099			

打印时间：2018-11-03 11：07：40   交易柜员：360001450D36   交易机构：360001450

业务（6）

还款凭证

收款日期 2018年11月03日　　　　序号：00123421

还款人	江西永红服装有限公司	贷款人	江西永远服装有限公司
存款账号	15072100090264078118	贷款账号	15072100090264076166

本息合计币种（大写）：壹拾万零贰仟壹佰柒拾伍元整　　￥102175.00

收回 2018年 5 月 3 日发放， 2018年 11 月 3 日到期贷款
本金： ￥100000　利息： ￥2175
该笔贷款尚欠本金： 0.00　利息： 0.00

上述还贷款项我行已收妥

（银行业务公章）

中国建设银行股份有限公司
九江浔中支行
2018年11月3日
办讫章（1）

制票：10739　　复核：20152

业务（7-1）

费用报销单

报销部门：行政部　　2018年11月04日　　单据及附件共 6 张

用　　途	金额（元）	备注	领导审批
报销快递费	￥60.-		
			同意支付 郑华 2018年11月04日
合　　计	￥60.-		

现金付讫

金额大写：陆拾元整　　原借款：　元　　应退余款：　元

总经理：罗国伟　会计：李岚芝　出纳：陈莉敏　报销人：李丽　领款人：

业务（7-2）

业务（7-3）

业务（7-4）

业务（7-5）

业务（7-6）

业务（7-7）

业务（8）

中国建设银行单位客户专用回单

中国建设银行 China Construction Bank

币别：人民币　　　　　2018 年 11 月 04 日　　　　　流水号：360602145008000002

付款人	全称	江西永红服装有限公司	收款人	全称	九江市交通警察交规罚款专用户
	账号	6213210009026407818		账号	1507210009026407000
	开户行	中国建设银行九江浔中支行		开户行	中国工商银行浔中支行
金　额		（大写）人民币贰佰元整			（小写）¥200.00
凭证种类		电子转账凭证	凭证号码		000206824804
结算方式		转账	用　途		交规罚款

打印柜员：360660450001
打印机构：九江浔中支行
打印卡号：3606600001001099

（借方回单）

打印时间：2018-11-04　15：12：30　　交易柜员：360001450D36　　交易机构：360001450

业务（9-1）

江西永红服装有限公司领料单

2018 年 11 月 04 日　　　　　№ 1811001

领料部门	生产车间	领料用途	生产女士棉毛套装	领料日期	2018 年 11 月 04 日	
编号	存货名称及规格	单位	数量 请领	数量 实发	实际价格 单价	实际价格 金额
002	花色莱卡棉	米	2 415	2 415		
005	领口	包	23	23		
006	袖口	包	23	23		
007	脚口	包	23	23		
	合　计					

会计：李岚芝　　领料部门负责人：陈东　　发料人：李强　　领料人：张丽

第三联　财务联

业务（9-2）

江西永红服装有限公司领料单

2018 年 11 月 04 日　　　　　　　　　　　№ 1811002

领料部门	生产车间	领料用途	生产男士棉毛套装	领料日期	2018年11月04日	
编号	存货名称及规格	单位	数量 请领	数量 实发	实际价格 单价	实际价格 金额
001	纯色莱卡棉	米	2 760	2 760		
005	领口	包	23	23		
006	袖口	包	23	23		
007	脚口	包	23	23		
	合　计					

会计：李岚芝　　领料部门负责人：陈东　　发料人：李强　　领料人：张丽

第三联　财务联

业务（9-3）

江西永红服装有限公司领料单

2018 年 11 月 04 日　　　　　　　　　　　№ 1811003

领料部门	生产车间	领料用途	车间一般性耗用	领料日期	2018年11月04日	
编号	存货名称及规格	单位	数量 请领	数量 实发	实际价格 单价	实际价格 金额
003	松紧带	卷	20	20		
004	线	塔	60	60		
	合　计					

会计：李岚芝　　领料部门负责人：陈东　　发料人：李强　　领料人：张丽

第三联　财务联

业务（10-1）

预付款申请书

2018年11月4日

申请部门	行政部		付款事由	预付南昌洪燕布匹有限公司购货订金	
收款单位	名称	南昌洪燕布匹有限公司			
	开户银行	中国建行南昌东湖支行	银行账号	6387654343231 23536	
付款金额	人民币（大写）柒仟伍佰陆拾元整 ￥：7560.00				
付款方式	□现金支票　☑银行转账（建行7818 账户）□银行汇票				
总经理	罗国中	财务负责人	李岚芝	部门负责人	郑华	出纳	陈莉敏

业务（10-2）

 **中国建设银行单位客户专用回单**

币别：人民币　　2018年11月04日　　流水号：360602145008000003

付款人	全称	江西永红服装有限公司	收款人	全称	南昌洪燕布匹有限公司	（借方回单）
	账号	6213210009026407818		账号	638765434323123536	
	开户行	中国建设银行九江浔中支行		开户行	中国建行南昌东湖支行	
金额	（大写）人民币柒仟伍佰陆拾元整			（小写）￥7 560.00		
凭证种类	电子转账凭证		凭证号码	000206824805		
结算方式	转账		用途	预付采购款		
			打印柜员：360660450001 打印机构：九江浔中支行 打印卡号：3606600001001099			

打印时间：2018-11-04　15：12：30　　交易柜员：360001450D36　　交易机构：360001450

业务（10-3）

购 销 合 同

买方：江西永红服装有限公司（以下简称甲方）
卖方：南昌洪燕布匹有限公司（以下简称乙方）

甲乙双方依照《中华人民共和国合同法》及有关法律、行政法规，遵循平等、自愿、公平和诚信原则，双方就布匹采购有关事项协商一致，订立本合同如下：

一、 产品内容

产品名称	数量	单位	含税单价	总额
花色莱卡棉	210	米	40.00	8 400.00
合计				¥8 400.00

二、 结算方式
（1） 签订合同之日买方按合同总金额90%预付定金人民币柒仟伍佰陆拾元整（¥7,560.00）。
（2） 货到验收合格后三个工作日内买方付清全部货款。

三、 运输
乙方负责货物的运输，运费由乙方承担。

……

六、合同争议的解决方式
本合同在履行过程中发生的争议，由甲乙双方协商解决；解决不成的依法向人民法院提起诉讼。

七、合同生效
本合同经双方签字盖章后生效，一式贰份，甲乙双方各执壹份

甲方：江西永红服装有限公司　　　　　乙方：南昌洪燕布匹有限公司

代表（签字）：国伟　　　　　　　　　代表（签字）：和平

日期：2018年11月04日　　　　　　　日期：2018年11月04日

业务（11-1）

业务（11-2）

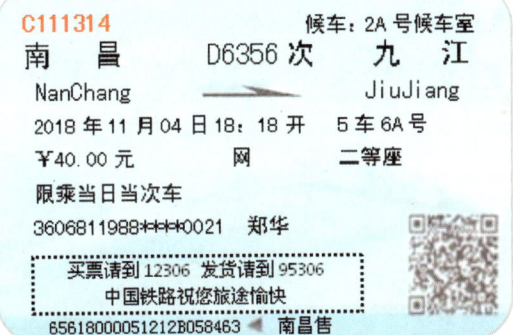

业务（11-3）

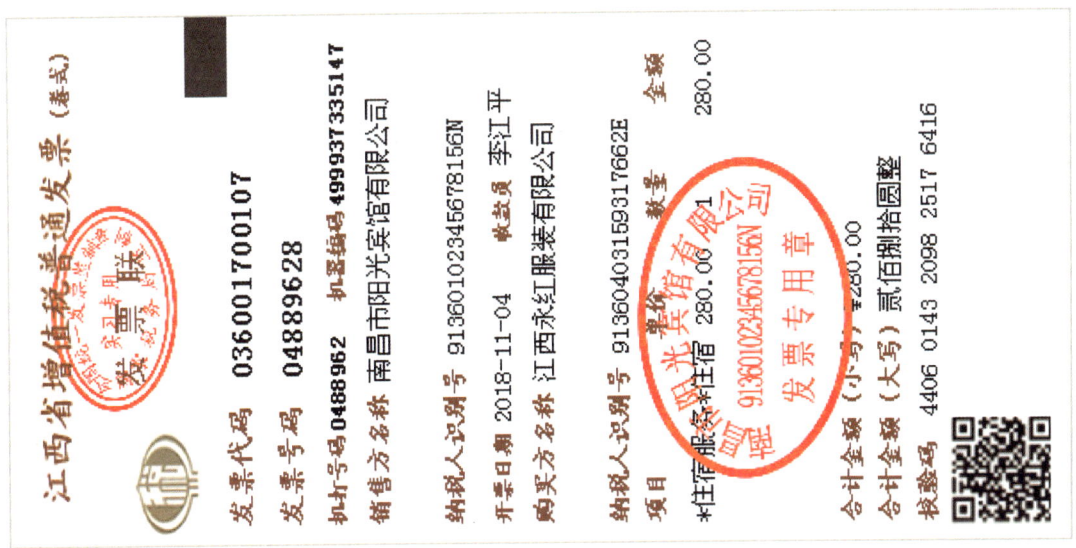

业务（11-4）

业务（11-5）

业务（11-6）

收 款 收 据

入账时间 2018 年 11 月 5 日　　　№ 025201

交款单位　邓华　　　　　　　　　收款方式：现金

人民币（大写）叁佰肆拾元整　　　￥340.00

收款事由　报销差旅费多余款返回

收款单位（盖章有效）　　　财务　李岚芝　经手人　陈莉敏

2018 年 11 月 5 日

业务（12-1）

江西永红服装有限公司销售单

购货单位：贵溪田野贸易有限公司
纳税人识别号：91360681MA46DHJL28
地址和电话：贵溪市雄石东路 36 号 0701-3780552
开户行及账号：中国建设银行九江浔中支行 6213210009026407818
单据编号：1811001
制单日期：2018 年 11 月 5 日

编号	产品名称及规格	单位	数量	单价	金额	备注
001	男士棉毛套装	套	90	154.50	13 905.00	
002	女士棉毛套装	套	100	149.35	14 935.00	
合计	人民币（大写）贰万捌仟捌佰肆拾元整				￥28 840.00	

第三联 财务联

会计：李岚芝　　销售部门负责人：罗敏红　　发货人：李强　　经办人：邓华

业务（12-2）

江西增值税普通发票

发票代码：036001800104　　　No 11017802
校验码：23433 77908 34225 09867
开票日期：2018 年 11 月 5 日

购买方：
名称：贵溪田野贸易有限公司
纳税人识别号：91360681MA46DHJL28
地址、电话：贵溪市雄石东路 36 号 0701-3780552
开户行及账号：中国建设银行贵溪贵电支行 3606037805520000001

密码区：
7*16<98*->532*-536//32<65<*32+6//62<65<*3-
-325-616<74>29312-8-35<56>92+389-65<890
9-055-456<78>25613-8-53><20>+542+365-73<6
88<764>534//33-8-895><126>37592+147-41<3

货物或应税劳务、服务名称	规格型号	单位	数量	单价	金额	税率	税额
*服装*男士棉毛套装		套	90	150.00	13 500.00	3%	405.00
*服装*女士棉毛套装		套	100	145.00	14 500.00	3%	435.00
合　计					￥28 000.00		￥840.00

价税合计（大写）：⊗贰万捌仟捌佰肆拾圆整　　（小写）￥28 840.00

销售方：
名称：江西永红服装有限公司
纳税人识别号：91360403159317662E
地址、电话：九江市人民路 136 号 0792-8236666
开户行及账号：中国建设银行九江浔中支行 6213210009026407818

收款人：　　复核：李岚芝　　开票人：陈莉敏　　销售单位：（章）

第一联：记账联 销售方记账凭证

业务（12-3）

中国建设银行单位客户专用回单

币别：人民币　　2018 年 11 月 05 日　　流水号：360602145008000005

付款人	全称	贵溪田野贸易有限公司	收款人	全称	江西永红服装有限公司
	账号	3606037805520000001		账号	6213210009026407818
	开户行	中国建设银行贵溪贵电支行		开户行	中国建设银行九江浔中支行
金额		（大写）人民币贰万捌仟捌佰肆拾元整			（小写）¥28 840.00
凭证种类		电子转账凭证	凭证号码		000206824234
结算方式		转账	用途		贷款

打印柜员：360660450001
打印机构：九江浔中支行
打印卡号：3606600001001099

（贷方回单）

打印时间：2018-11-05　11：07：40　　交易柜员：360001450D36　　交易机构：360001450

业务（13）

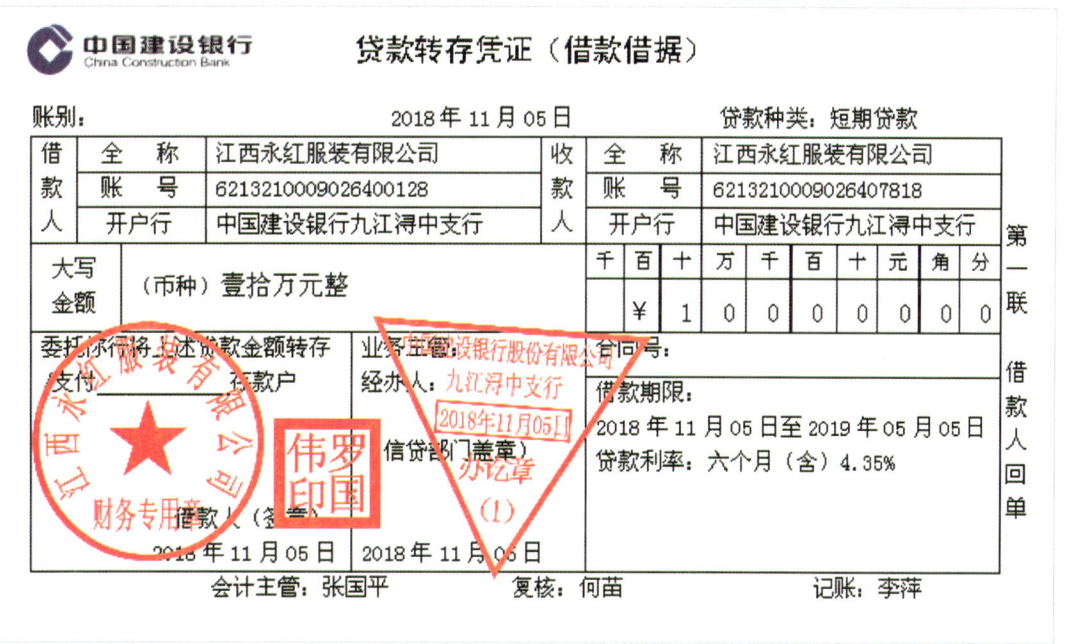

贷款转存凭证（借款借据）

账别：　　2018 年 11 月 05 日　　贷款种类：短期贷款

借款人	全称	江西永红服装有限公司	收款人	全称	江西永红服装有限公司
	账号	6213210009026400128		账号	6213210009026407818
	开户行	中国建设银行九江浔中支行		开户行	中国建设银行九江浔中支行

大写金额	（币种）壹拾万元整	千	百	十	万	千	百	十	元	角	分
		¥			1	0	0	0	0	0	0

委托你行将上述贷款金额转存支付存款户

业务主管：
经办人：
信贷部门盖章

合同号：
借款期限：2018 年 11 月 05 日至 2019 年 05 月 05 日
贷款利率：六个月（含）4.35%

借款人（签章）
2018 年 11 月 05 日　2018 年 11 月 05 日

会计主管：张国平　　复核：何苗　　记账：李萍

业务（14-1）

江西永红服装有限公司产品入库单

验收部门：仓库部　　　　　2018年11月06日　　　　No 1811001

产品名称	单位	交库数量	实收数量	单位成本	总成本	备　注
女士棉毛套装	套	150	150			
合　计						

第三联　财务联

交货人：陈东　　会计：李岚芝　　仓管：李强　　签收人：李强

业务（14-2）

江西永红服装有限公司产品入库单

验收部门：仓库部　　　　　2018年11月06日　　　　No 1811002

产品名称	单位	交库数量	实收数量	单位成本	总成本	备　注
男士棉毛套装	套	150	150			
合　计						

第三联　财务联

交货人：陈东　　会计：李岚芝　　仓管：李强　　签收人：李强

业务（15-1）

费用报销单

报销部门：行政部　　2018年11月06日　　单据及附件共 1 张

用途	金额（元）	备注	
报销电话费	¥280.—		
		领导审批	同意支付 郑华 2018年11月06日
合计	¥:280.—		

金额大写：贰佰捌拾元整　　原借款：　　元　　应退余款：　　元

总经理：罗国伟　会计：李岚芝　出纳：陈莉敏　报销人：李丽　领款人：

（现金付讫）

业务（15-2）

业务（16-1）

江西永红服装有限公司领料单

2018年11月07日　　　　　　　№ 1811004

领料部门	生产车间	领料用途	生产男士棉毛套装	领料日期	2018年11月04日	
编号	存货名称及规格	单位	数量		实际价格	
			请领	实发	单价	金额
001	男棉毛套装袋	包	15	15	5.00	75.00
合　计						

会计：李岚芝　　领料部门负责人：陈东　　发料人：李强　　领料人：张丽

第三联　财务联

业务（16-2）

江西永红服装有限公司领料单

2018年11月07日　　　　　　　№ 1811005

领料部门	生产车间	领料用途	生产女士棉毛套装	领料日期	2018年11月07日	
编号	存货名称及规格	单位	数量		实际价格	
			请领	实发	单价	金额
002	女棉毛套装袋	包	15	15	5.00	75.00
合　计						

会计：李岚芝　　领料部门负责人：陈东　　发料人：李强　　领料人：张丽

第三联　财务联

业务（17）

中国建设银行单位客户专用回单

币别：人民币　　2018年11月08日　　流水号：360602145008000006

付款人	全称	江西永红服装有限公司	收款人	全称	九江华实布料有限公司
	账号	6213210009026407818		账号	6035673232235465632
	开户行	中国建设银行九江浔中支行		开户行	中行九江大树下支行
金额		（大写）人民币柒仟壹佰叁拾陆元整			（小写）¥7 136.00
凭证种类		电子转账凭证	凭证号码		000206824806
结算方式		转账	用途		货款

打印柜员：360660450001
打印机构：九江浔中支行
打印卡号：3606600001001099

打印时间：2018-11-08　15：12：30　　交易柜员：360001450D36　　交易机构：360001450

业务（18-1）

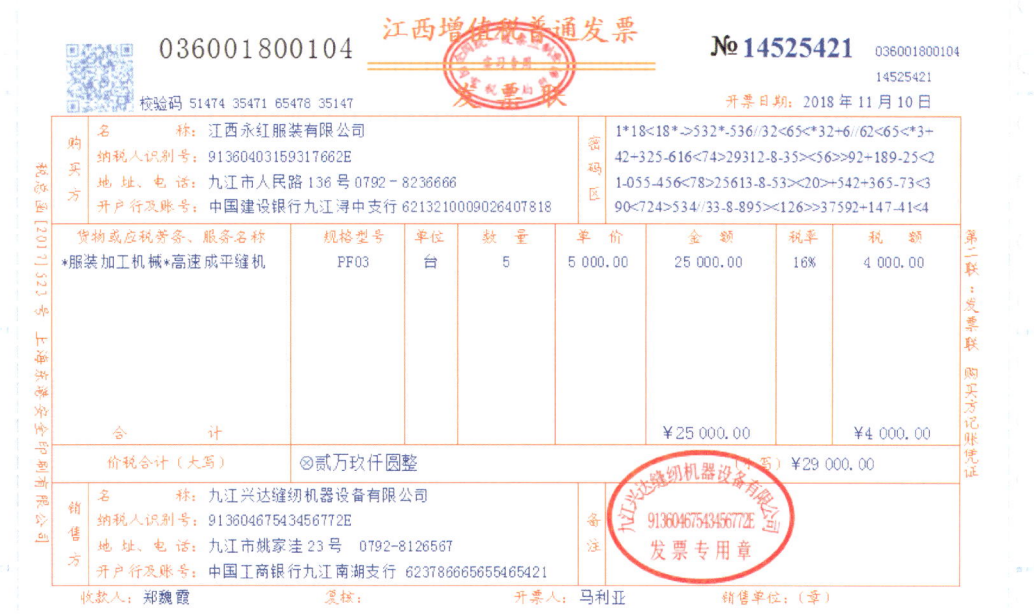

业务（18-2）

江西永红服装有限公司固定资产验收单

验收部门：仓库部　　　　2018 年 11 月 10 日　　　　No 1811001

固定资产名称	规格	单位	交库数量	实收数量	含税金额	备注
高速成平缝机	PF03	台	5	5	29 000.00	生产车间使用
合计						

第三联　财务联

总经理：罗国伟　　会计：李岚芝　　仓管：李强　　签收人：陈东

业务（18-3）

中国建设银行单位客户专用回单

币别：人民币　　　　2018 年 11 月 10 日　　　　流水号：360602145008000007

付款人	全称	江西永红服装有限公司	收款人	全称	九江兴达缝纫机器设备有限公司
	账号	6213210009026407818		账号	6237866665655465421
	开户行	中国建设银行九江浔中支行		开户行	中国工商银行九江南湖支行
金额		（大写）人民币贰万玖仟元整		（小写）¥29 000.00	
凭证种类		电子转账凭证	凭证号码	000206824807	
结算方式		转账	用途	货款	
			打印柜员：360660450001 打印机构：九江浔中支行 打印卡号：3606600001001099		

（借方回单）

打印时间：2018-11-10　15：12：30　　交易柜员：360001450D36　　交易机构：360001450

业务（19-1）

江西永红服装有限公司收料单

2018年11月12日　　　　　　　　　　　　　　　№ 1811003

交来单位及部门	南昌洪城大世界布匹公司		验收仓库	一号仓库	入库日期	2018年11月12日
编号	存货名称及规格	单位	数量		实际价格	
			应收	实收	单价	金额
001	纯色莱卡棉	米	320	320	40.00	12 800.00
002	花色莱卡棉	米	310	310	41.00	12 710.00
合　计						

会计：李岚芝　　仓库主管：李强　　经办人：李庆　　制单人：王小英

第三联　财务联

业务（19-2）

业务（19-3）

中国建设银行单位客户专用回单

币别：人民币　　　　2018 年 11 月 12 日　　　　流水号：360602145008000008

付款人	全称	江西永红服装有限公司	收款人	全称	南昌洪城大世界布匹有限公司
	账号	6213210009026407818		账号	6216754352655567657
	开户行	中国建设银行九江浔中支行		开户行	中国工行南昌洪城支行
金额		（大写）人民币贰万伍仟伍佰壹拾元整		（小写）￥25 510.00	
凭证种类		电子转账凭证	凭证号码	000206824805	
结算方式		转账	用途	材料款	
			打印柜员：360660450001 打印机构：九江浔中支行 打印卡号：3606600001001099		

（借方回单）

打印时间：2018-11-12　15：12：30　　　交易柜员：360001450D36　　　交易机构：360001450

业务（20-1）

中国建设银行九江浔中支行批量代付成功清单

机构名称：九江浔中支行　　　入账时间：2018 年 11 月 12 日

账号	姓名	金额
6013826501001376566	张丽	930.00
6013826501001376567	李红	1 520.00
6013826501001376568	王蓓	1 532.00
6013826501001376569	陈东	1 975.00
6013826501001376570	郑华	1 975.00
合计		7 932.00

业务（20-2）

中国建设银行单位客户专用回单

币别：人民币		2018 年 11 月 12 日		流水号：360602145008000009	
付款人	全 称	江西永红服装有限公司	收款人 全 称	企业网上银行代发代扣业务款项过渡户	（借方回单）
	账 号	6213210009026407818	账 号	10136000145022951000030001	
	开户行	中国建设银行九江浔中支行	开户行	中国建设银行江西省分行营运管理部核算中心	
金 额	（大写）人民币柒仟玖佰叁拾贰元整			（小写）¥7 932.00	
凭证种类			凭证号码	000206824806	
结算方式	转账		用 途	工资	
			打印柜员：360660450001 打印机构：九江浔中支行 打印卡号：3606600001001099		

打印时间：2018-11-12　10：06：40　　交易柜员：360001450D36　　交易机构：360001450

业务（20-3）

江西永红服装有限公司职工薪酬汇总表

2018 年 10 月 31 日　　　　　金额单位：元

部　门		应付工资	代扣款项				实发金额
			社会保险费（11%）	住房公积金（10%）	员工借支	小计	
生产车间	生产工人	5 800.00	638.00	580.00	600.00	1 818.00	3 982.00
	管理人员	2 500.00	275.00	250.00	--	525.00	1 975.00
管理部门		2 500.00	275.00	250.00	--	525.00	1 975.00
合　计		10 800.00	1 188.00	1 080.00	600.00	2 868.00	7 932.00

备注：张丽借支 600 元

审核人：罗国伟　　　制表人：李岚芝

业务（21-1）

 **中国建设银行单位客户专用回单**

转账日期： 2018 年 11 月 12 日　　　　　　　　凭证字号：360602145008000010

纳税人全称及纳税人识别号：江西永红服装有限公司
91360403159317662E
付款人全称：江西永红服装有限公司　　　　　　咨询（投诉）电话：12366
付款人账号：6213210009026407818　　征收机构关名称（委托方）：九江市浔阳区地方税务局
付款人开户银行：中国建设银行九江浔中支行　收款国库（银行）名称：国家金库九江市浔阳区支库（代理）
小写（合计）金额：¥3 974.40
缴款书交易流水号：23461081876
大写（合计）金额：人民币叁仟玖佰柒拾肆元肆角整　　　　税票号码：136041772003

税（费）种名称	所属时间	实缴金额
社会保险费	20181001-20181031	3 974.40

打印时间：2018-11-12 11：08：12　　交易柜员：360001450D36　　交易机构：360001450

业务（21-2）

住房公积金汇（补）缴书　NO.59103289

2018 年 11 月 12 日　　附：缴存变更清册　1页

缴款单位	单位名称	江西永红服装有限公司	收款单位	单位名称	九江市住房公积金管理中心	第一联：缴款单位开户行给缴款单位的回单
	单位账号	6213210009026407818		公积金账户	1507210009016411118	
	开户银行	中国建设银行九江浔中支行		开户银行	中国工商银行九江浔中支行	
缴款类型	☑汇缴　□补缴			补缴原因		
缴款方式	□现金　☑转账					
缴款人数	7 人	公积金所属时间	2018 年 10 月至 2018 年 10 月	月数	1	

金额	人民币 （大写）	贰仟壹佰陆拾元整				百	万	千	百	十	元	角	分
					¥			2	1	6	0	0	0

上次汇缴		本次增加汇缴		本次减少汇缴		本次汇（补）缴	
人数	金额	人数	金额	人数	金额	人数	金额

上述款项已划转至市住房公积金管理中心住房公积金存款账户内。（银行盖章）

复核：　　　　经办：　　　　　2018 年 11 月 12 日

业务（21-3）

江西永红服装有限公司住房公积金及社会保险费计算表

2018年10月31日　　　　　　　　　　　金额单位：元

部门		应付工资	住房公积金		社会保险费		金额合计
			企业承担部分	个人承担部分	企业承担部分	个人承担部分	
			10%	10%	25.80%	11%	
生产车间	生产工人	5 800.00	580.00	580.00	1 496.40	638.00	3 294.40
	管理人员	2 500.00	250.00	250.00	645.00	275.00	1 420.00
管理部门		2 500.00	250.00	250.00	645.00	275.00	1 420.00
合　计		10 800.00	1 080.00	1 080.00	2 786.40	1 188.00	6 134.40

审核人：李岚芝　　　　制表人：陈莉敏

业务（22-1）

江西永红服装有限公司销售单

购货单位：沃尔玛（江西）百货有限公司九江庐山南路分店
纳税人识别号：91360400683458810N
地址和电话：九江市庐山南路名湖广场、0792-8188960　　　单据编号：1811002
开户行及账号：中国银行九江名湖支行 603567323267546786　　制单日期：2018年11月13日

编号	产品名称及规格	单位	数量	单价	金额	备注
001	男士棉毛套装	套	90	154.50	13 905.00	
002	女士棉毛套装	套	80	149.35	11 948.00	
合计	人民币（大写）贰万伍仟捌佰伍拾叁元整				¥25 853.00	

第三联　财务联

会计：李岚芝　　销售部门负责人：罗敏红　　发货人：李强　　经办人：郑华

业务（22-2）

江西增值税专用发票 No 2209801

3600184130 代开

开票日期：2018年11月13日

购买方：
名　称：沃尔玛（江西）百货有限公司九江庐山南路分店
纳税人识别号：91360400683458810N
地址、电话：九江市庐山南路名湖广场、0792-8188960
开户行及账号：中国银行九江名湖支行 603567323267546786

密码区：
7*16<98*->532*-536//32<65<*32+6//62<65<*3
82+325-616<74>29312-8-35<56>92+389-65<8
6-055-456<78>25613-8-53<20>+542+365-73<6
78<764>534//33-8-895<126>37592+147-41<3

货物或应税劳务、服务名称	规格型号	单位	数量	单价	金额	税率	税额
*服装*男士棉毛套装		套	90	150.00	13 500.00	3%	405.00
*服装*女士棉毛套装		套	80	145.00	11 600.00	3%	348.00
合　计					¥25 100.00		¥753.00

价税合计（大写）：⊗贰万伍仟捌佰伍拾叁圆整　　（小写）¥25 853.00

销售方：
名　称：九江市税务局　（代开机关）
纳税人识别号：36048100DK00019　（代开机关）
地址、电话：九江市九瑞大道82号 0792-8187656
开户行及账号：13604614081130403

备注：代开企业税号：91360403159317662E
代开企业名称：江西永红服装有限公司
中国建设银行九江浔中支行
6213210009026407818

收款人：　　复核：　　开票人：万伟　　销售单位：（章）

业务（22-3）

中国建设银行单位客户专用回单

转账日期：2018年11月13日　　　　　　　凭证字号：360602145008000010

纳税人全称及纳税人识别号：江西永红服装有限公司

91360403159317662E

付款人全称：江西永红服装有限公司　　　咨询（投诉）电话：12366
付款人账号：6213210009026407818　　　征收机构关名称（委托方）：国家税务局九江税务局
付款人开户银行：中国建设银行九江浔中支行　收款国库（银行）名称：国家金库九江市支库
小写（合计）金额：¥753.00　　　　　　　缴款书交易流水号：2018111348749921
大写（合计）金额：人民币柒佰伍拾叁元整　税票号码：32018111300000273321

税（费）种名称	所属时期	实缴金额
增值税	20181113	753.00

打印时间：2018-11-13 11：08：12　交易柜员：360001450D36　交易机构：360001450

业务（23-1）

江西永红服装有限公司领料单

2018 年 11 月 14 日　　　　　　　　　　　№ 1811006

领料部门	生产车间		领料用途	生产女士棉毛套装		领料日期	2018 年 11 月 14 日	
编号	存货名称及规格		单位	数　量		实际价格		
				请领	实发	单价	金额	
002	花色莱卡棉		米	735	735			
005	领口		包	7	7			
006	袖口		包	7	7			
007	脚口		包	7	7			
合　计								

会计：李岚芝　　领料部门负责人：陈东　　发料人：李强　　领料人：张丽

第三联　财务联

业务（23-2）

江西永红服装有限公司领料单

2018 年 11 月 14 日　　　　　　　　　　　№ 1811007

领料部门	生产车间		领料用途	生产男士棉毛套装		领料日期	2018 年 11 月 14 日	
编号	存货名称及规格		单位	数　量		实际价格		
				请领	实发	单价	金额	
001	纯色莱卡棉		米	720	720			
005	领口		包	6	6			
006	袖口		包	6	6			
007	脚口		包	6	6			
合　计								

会计：李岚芝　　领料部门负责人：陈东　　发料人：李强　　领料人：张丽

第三联　财务联

业务（23-3）

江西永红服装有限公司领料单

2018年11月14日　　　　No 1811008

领料部门	生产车间		领料用途	车间一般性耗用		领料日期	2018年11月14日
编号	存货名称及规格	单位	数　量		实际价格		
			请领	实发	单价	金额	
003	松紧带	卷	10	10			
004	线	塔	50	50			
合　计							

会计：李岚芝　　领料部门负责人：陈东　　发料人：李强　　领料人：张丽

第三联　财务联

业务（24-1）

江西永红服装有限公司产品入库单

验收部门：仓库部　　　　2018年11月15日　　　　No 1811003

产品名称	单位	交库数量	实收数量	单位成本	总成本	备　注
女士棉毛套装	套	1 350	1 350			
合　计						

交货人：陈东　　会计：李岚芝　　仓管：李强　　签收人：李强

第三联　财务联

业务（24-2）

江西永红服装有限公司产品入库单

验收部门：仓库部　　　　2018年11月15日　　　　No 1811004

产品名称	单位	交库数量	实收数量	单位成本	总成本	备　注
男士棉毛套装	套	1 300	1 300			
合　计						

交货人：陈东　　会计：李岚芝　　仓管：李强　　签收人：李强

第三联　财务联

业务（25）

收款收据

入账时间 2018年11月16日　　№ 025202

交款单位　李红　　　　　收款方式：　现金

人民币（大写）　伍拾元整　　　　　¥ 50.00

收款事由　违反公司纪律罚款

收款单位（盖章有效）

财务　李岚芝　经手人　陈莉敏

2018年11月16日

业务（26-1）

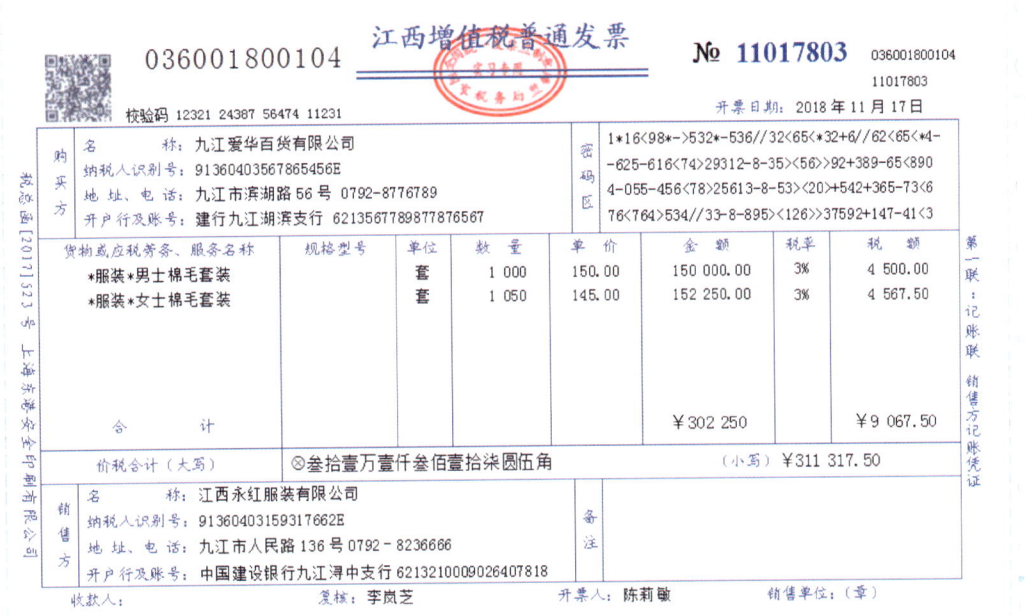

业务（26-2）

江西永红服装有限公司销售单

购货单位：九江爱华百货有限公司
纳税人识别号：913604035678654560
地址和电话：九江市滨湖路56号 0792-8776789　　　单据编号：1811003
开户行及账号：建行九江湖滨支行 6213567789877876567　　制单日期：2018年11月17日

编号	产品名称及规格	单位	数量	单价	金额	备注
001	男士棉毛套装	套	1 000	154.50	154 500.00	
002	女士棉毛套装	套	1 050	149.35	156 817.50	
合计	人民币（大写）叁拾壹万壹仟叁佰壹拾柒元伍角				¥311 317.50	

会计：李岚芝　　销售部门负责人：罗敏红　　发货人：李强　　经办人：郑华

第三联　财务联

业务（26-3）

银行承兑汇票 2

BD 03 09389015

出票日期（大写）：贰零壹捌 年 壹拾壹 月 壹拾柒 日

出票人全称	九江爱华百货有限公司	收款人	全称	江西永红服装有限公司
出票人账号	6213567789877876567		账号	6213210009026407818
付款行全称	建设银行九江湖滨支行		开户银行	建设银行九江浔中支行
出票金额	人民币（大写）叁拾壹万壹仟叁佰壹拾柒元伍角			¥311317.50
汇票到期日	贰零壹玖年伍月壹拾柒日	付行号		1360458
承兑协议编号	JJAH181109	地址		九江市湖滨路52号
本汇票请你行承兑，到期无条件付款。 出票人签章		本汇票已承兑，到期日由 承兑日期 年 月 日 承兑行签章 郭 玲		
		备注	复核	记账

此联收款人开户行随托收凭证寄付款行作借方凭证附件

业务（27-1）

江西增值税普通发票 №3425605

开票日期：2018年11月20日

购买方	名称：江西永红服装有限公司 纳税人识别号：91360403159317662E 地址、电话：九江市人民路136号 0792-8236666 开户行及账号：中国建设银行九江浔中支行 6213210009026407818

货物或应税劳务、服务名称	规格型号	单位	数量	单价	金额	税率	税额
*广告服务*广告费			1	1 698.11	1 698.11	6%	101.89
合　计					¥1 698.11		¥101.89

价税合计（大写）　⊗壹仟捌佰圆整　（小写）¥1 800.00

销售方	名称：九江红大地广告有限公司 纳税人识别号：91360402057437328N 地址、电话：九江市青年路95号 0792-8126732 开户行及账号：中国银行名湖支行 603567323267546766

收款人：张建波　　复核：　　开票人：石小芳　　销售方：（章）

业务（27-2）

中国建设银行
转账支票存根
30909320
10213802

附加信息

出票日期 2018年11月20日
收款人：九江红大地广告有限公司
金　额：¥1 800.00
用　途：付广告费

单位主管　　会计

业务（27-3）

中国建设银行 进账单（回单）
2018年11月20日

出票人	全称	江西永红服装有限公司	收款人	全称	九江红大地广告有限公司	此联是开户银行交给出票人的回单
	账号	6213210009026407818		账号	603567323267546766	
	开户银行	中国建设银行九江浔中支行		开户银行	中国银行名九江名湖支行	
金额	人民币（大写）	壹仟捌佰元整	千百十万千百十元角分 ¥ 1 8 0 0 0 0			

票据种类	转账支票	票据张数	1
票据号码	10213802		

复核　记账　　　　开户银行盖章

业务（28-1）

出 资 证 明

江西永红服装有限公司因经营需要追加资本270万元，九江市工商行政管理局已于2018年10月31日核准（工商管字第260号）。

罗国伟追加投资人民币壹佰陆拾万元整(¥1 600 000.00)，罗敏红追加投资人民币陆拾万元整(¥600 000.00)。新增投资人罗敏珍，依照合同一次性缴付注册资本金人民币伍拾万元整(¥500 000.00)，截至2018年11月21日，资金全部到位，出资方式为货币资金。新增投资受益期从2019年1月1日开始。

特此证明

江西永红服装有限公司
2018年11月21日

业务（28-2）

中国建设银行单位客户专用回单

币别：人民币　　　　2018年11月21日　　　　流水号：360602145008000011

付款人	全称	罗国伟	收款人	全称	江西永红服装有限公司
	账号	6213210009026505611		账号	6213210009026407818
	开户行	中国建设银行湖滨支行		开户行	中国建设银行九江浔中支行

金额　（大写）人民币壹佰陆拾万元整　　　　（小写）¥1 600 000.00

凭证种类　电子转账凭证　　　凭证号码　000206824812

结算方式　转账　　　用途　投资款

打印柜员：360660450001
打印机构：九江浔中支行
打印卡号：3606600001001099

（贷方回单）

打印时间：2018-11-21　15：07：41　　交易柜员：360001450D36　　交易机构：360001450

业务（28-3）

中国建设银行单位客户专用回单

币别：人民币　　　　2018年11月21日　　　　流水号：360602145008000012

付款人	全称	罗敏红	收款人	全称	江西永红服装有限公司
	账号	6213210009026400012		账号	6213210009026407818
	开户行	中国建设银行九江浔中支行		开户行	中国建设银行九江浔中支行

金额　（大写）人民币陆拾万元整　　　　（小写）¥600 000.00

凭证种类　电子转账凭证　　　凭证号码　000206824813

结算方式　转账　　　用途　投资款

打印柜员：360660450001
打印机构：九江浔中支行
打印卡号：3606600001001099

（贷方回单）

打印时间：2018-11-21　15：07：42　　交易柜员：360001450D36　　交易机构：360001450

业务（28-4）

中国建设银行单位客户专用回单

币别：人民币　　　　2018年11月21日　　　　流水号：360602145008000013

付款人	全称	罗敏珍	收款人	全称	江西永红服装有限公司
	账号	6213210009026406045		账号	6213210009026407818
	开户行	中国建设银行九江三里街支行		开户行	中国建设银行九江浔中支行
金额	（大写）人民币伍拾万元整				（小写）¥500 000.00
凭证种类	电子转账凭证		凭证号码		000206824814
结算方式	转账		用途		投资款

打印柜员：360660450001
打印机构：九江浔中支行
打印卡号：3606600001001099

打印时间：2018-11-21 15：07：43　　交易柜员：360001450D36　　交易机构：360001450

业务（29-1）

江西增值税普通发票

036001800104　　No 11017804

校验码 38721 23123 43211 45654　　开票日期：2018年11月22日

购买方	名称	九江万家清洁用品有限公司
	纳税人识别号	91360403578768511E
	地址、电话	九江市大中路56号 0792-8126685
	开户行及账号	中国工商银行浔中支行 1507210009026406245

密码区：
1*16<98*->532*-536//32<65<*32+6//62<65<*3-
-143-616<74>29312-8-35><56>92+389-65<890
5-032-456<78>25613-8-53><20>+542+365-73<6
15<764>534//33-8-895><126>>37592+147-41<3

货物或应税劳务、服务名称	规格型号	单位	数量	单价	金额	税率	税额
*纺织产品*布料边角料		kg	200	2.9126	582.52	3%	17.48
合　计					¥582.52		¥17.48

价税合计（大写）　◎陆佰圆整　　　　　　　　（小写）¥600.00

销售方	名称	江西永红服装有限公司
	纳税人识别号	91360403159317662E
	地址、电话	九江市人民路136号 0792-8236666
	开户行及账号	中国建设银行九江浔中支行 6213210009026407818

收款人：　　复核：李岚芝　　开票人：陈莉敏　　销售单位：（章）

业务（29-2）

江西永红服装有限公司销售单

购货单位：九江万家清洁用品有限公司
纳税人识别号：913604035787685111E
地址和电话：九江市大中路56号 0792-8126685　　单据编号：1811004
开户行及账号：中国工商银行浔中支行 15072100090264 06245　　制单日期：2018年11月22日

编号	产品名称及规格	单位	数量	单价	金额	备注
001	布料边角料	kg	200	3.00	600.00	
合计	人民币（大写）陆佰元整				￥600.00	

会计：李岚芝　　销售部门负责人：罗敏红　　发货人：李强　　经办人：郑华

第三联　财务联

业务（29-3）

收 款 收 据

入账时间 2018年11月22日　　№ 025203

交款单位 九江万家清洁用品有限公司　　收款方式：现金

人民币（大写）陆佰元整　　￥600.00

收款事由　销售边角料收入

收款单位（盖章有效）

财务 李岚芝　经手人 陈莉敏
2018年11月22日

②财务记账联

业务（30）

业务（31-1）

江西永红服装有限公司外购水、电费分配表

2018年11月25日　　　　　　　　　　　　　　　　　　　　　　单位：元

受益部门及用途	供　电			供　水			金额合计
	数量	单价	金额	数量	单价	金额	
生产车间　男式棉毛套装	895		830.56	50		228.80	1 059.36
生产车间　女式棉毛套装	1 000		928.00	75		343.20	1 271.20
生产车间　车间一般性耗用	230		213.44	50		228.80	442.24
管理部门	150		139.20	15		68.64	207.84
合　计	2 275	0.928	2 111.20	190	4.576	869.44	2 980.64

审核人：李岚芝　　　制表人：陈莉敏

业务（31-2）

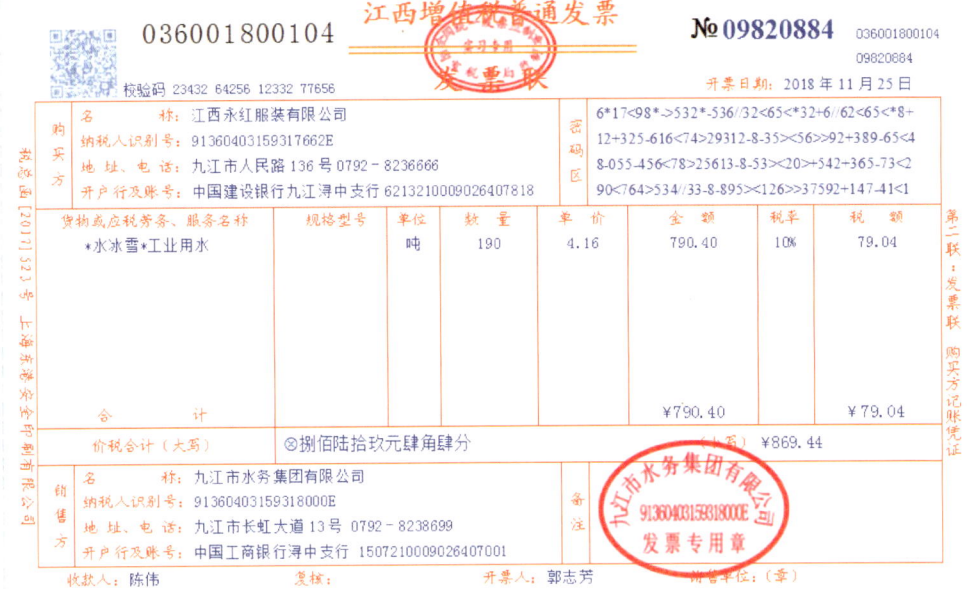

业务（31-3）

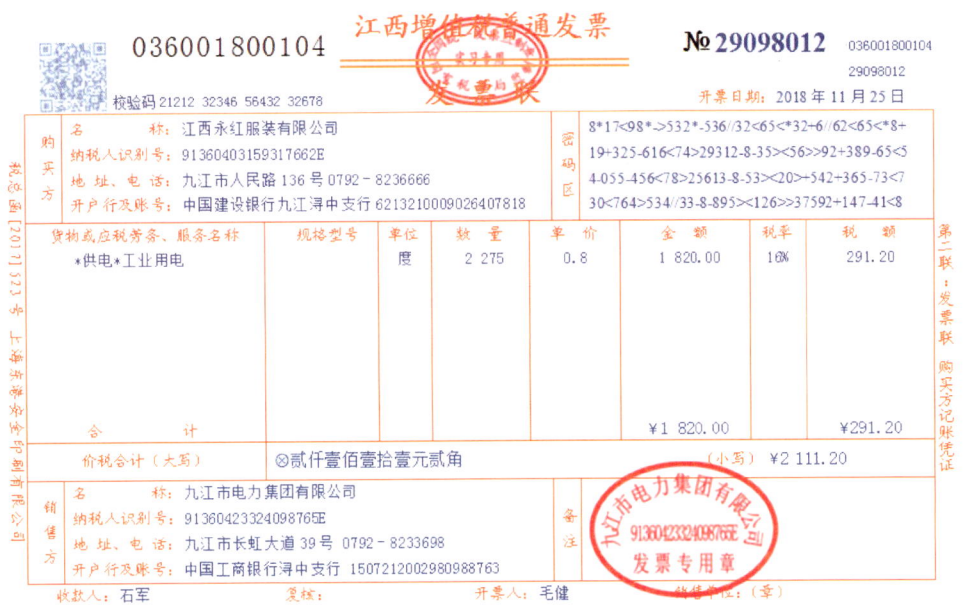

业务（31-4）

中国建设银行单位客户专用回单

币别：人民币　　　　2018年11月25日　　　　流水号：360602145008000014

付款人	全称	江西永红服装有限公司	收款人	全称	九江市水务集团有限公司
	账号	6213210009026407818		账号	1507210009026407001
	开户行	中国建设银行九江浔中支行		开户行	中国工商银行浔中支行
金额		（大写）人民币捌佰陆拾玖元肆角肆分			（小写）¥869.44
凭证种类		电子转账凭证	凭证号码		000206824816
结算方式		转账	用途		水费

打印柜员：360660450001
打印机构：九江浔中支行
打印卡号：3606600001001099

（借方回单）

打印时间：2018-11-26　15：13：30　　交易柜员：360001450D36　　交易机构：360001450

业务（31-5）

中国建设银行单位客户专用回单

币别：人民币　　　　2018年11月25日　　　　流水号：360602145008000015

付款人	全称	江西永红服装有限公司	收款人	全称	九江市电力集团有限公司
	账号			账号	1507212002980988763
	开户行	中国建设银行九江浔中支行		开户行	中国工商银行浔中支行
金额		（大写）人民币贰仟壹佰壹拾壹元贰角			（小写）¥2 111.20
凭证种类		电子转账凭证	凭证号码		000206824817
结算方式		转账	用途		电费

打印柜员：360660450001
打印机构：九江浔中支行
打印卡号：3606600001001099

（借方回单）

打印时间：2018-11-26　15：14：30　　交易柜员：360001450D36　　交易机构：360001450

业务（32-1）

江西永红服装有限公司职工薪酬汇总表

2018年11月30日　　　　　　　　　　　　　　　　　　　　　　单位：元

部　门		应付工资	社会保险费（25.80%）	住房公积金（10%）	职工福利费（14%）	职工教育经费（2.50%）	合　计
生产车间	生产工人	18 000.00	4 644.00	1 800.00	2 520.00	450.00	27 414.00
	管理人员	3 500.00	903.00	350.00	490.00	87.50	5 330.50
管理部门		21 000.00	5 418.00	2 100.00	2 940.00	525.00	31 983.00
销售部门		3 500.00	903.00	350.00	490.00	87.50	5 330.50
合　　计		46 000.00	11 868.00	4 600.00	6 440.00	1 150.00	70 058.00

　　　　　　　　　　　　　　　　　　　　　　审核人：李岚芝　　　　制表人：陈莉敏

业务（32-2）

江西永红服装有限公司直接人工分配表

2018年11月30日　　　　　　　　　　　　　　　　　　　　　单位：元

受益对象		分配标准（工时）	分配率	分配金额
生产车间工人	男式棉毛套装	1 450		
	女式棉毛套装	1 500		
合　　计		2 950		

　　　　　　　　　　　　　　　　审核人：李岚芝　　　　制表人：陈莉敏

业务（33-1）

江西永红服装有限公司发出材料加权平均单位成本计算表

2018 年 11 月 30 日

单位：元

材料名称	期初结存		本月购入		合计		加权平均单位成本
	数量	金额	数量	金额	数量	金额	
	①	②	③	④	⑤=①+③	⑥=②+④	⑦=⑥/⑤
纯色莱卡棉							
花色莱卡棉							
领口							
袖口							
脚口							
松紧带							
线							
备注	发出材料单位成本按月一次加权平均计算						

审核人：李岚芝　　　　制表人：陈莉敏

江西永红服装有限公司发料汇总及分配表

2018年11月30日

单位：元

材料及用途			生产产品耗用					车间一般耗用		金额合计
			男式棉毛套装		女式棉毛套装					
品名	单位	加权平均单价	数量	金额	数量	金额		数量	金额	
纯色莱卡棉	米									
花色莱卡棉	米									
领口	包									
袖口	包									
脚口	包									
松紧带	卷									
线	塔									
合计										

业务（33-2）

审核人：李岚芝　　制表人：陈莉敏

业务（34）

江西永红服装有限公司固定资产折旧计算表

2018 年 11 月 30 日　　　　　　　　　　　　　　　　单位：元

使用单位和固定资产类别		月初原值	固定资产月折旧率%	本月应提折旧额
生产车间	厂房	100 000.00		
	机器设备	15 000.00		
	小计	115 000.00		
管理部门	房屋	80 000.00		
	运输设备	60 000.00		
	小计	140 000.00		
合计		255 000.00		

审核人：李岚芝　　　　　制表人：陈莉敏

业务（35）

江西永红服装有限公司制造费用分配表

2018 年 11 月 30 日　　　　　　　　　　　　　　　　单位：元

产品名称	分配标准（工时）	分配率	分配金额
男式棉毛套装	1 450		
女式棉毛套装	1 500		
合计	2 950		

审核人：李岚芝　　　　　制表人：陈莉敏

业务（36）

江西永红服装有限公司完工产品成本计算表
2018 年 11 月 30 日　　　　　　　　　　　　　　　　　　单位：元

产品名称	完工产品产量	直接材料	直接人工	动力费用	制造费用	完工产品总成本	单位成本
男式棉毛套装							
女式棉毛套装							
合　计							

审核人：李岚芝　　　制表人：陈莉敏

业务（37-1）

江西永红服装有限公司库存商品加权平均单价计算表
2018 年 11 月 30 日　　　　　　　　　　　　　　　　　　单位：元

产品名称	期初结存		本月完工		合计		加权平均单位成本
	数量（套）	金额（元）	数量（套）	金额（元）	数量（套）	金额（元）	
	①	②	③	④	⑤=①+③	⑥=②+④	⑦=⑥/⑤
男式棉毛套装							
女式棉毛套装							
备注	库存商品单位成本按月一次加权平均计算						

审核人：李岚芝　　　制表人：陈莉敏

业务（37-2）

江西永红服装有限公司已销产品成本计算表
2018 年 11 月 30 日　　　　　　　　　　　　　　　　　　单位：元

产品名称	销售数量	单位	单位成本	出库总成本	备注
男式棉毛套装					产品单位成本按全月一次加权平均计算
女式棉毛套装					
合计					

审核人：李岚芝　　　制表人：陈莉敏

业务（37-3）

江西永红服装有限公司产品出库单

提货部门：销售部　　发货部门：仓库部　　2018年11月05日　　No 01811001

产品名称	单位	应发数量	实收数量	单位成本	总成本	备注
男士棉毛套装	套	90	90			购货单位：
女士棉毛套装	套	100	100			贵溪田野贸易
						有限公司
合计						

销售经理：罗敏红　　会计：李岚芝　　仓管：李强　　经办人：郑华

第三联　财务联

业务（37-4）

江西永红服装有限公司产品出库单

提货部门：销售部　　发货部门：仓库部　　2018年11月13日　　No 01811002

产品名称	单位	应发数量	实收数量	单位成本	总成本	备注
男士棉毛套装	套	90	90			购货单位：
女士棉毛套装	套	80	80			沃尔玛九江店
合计						

销售经理：罗敏红　　会计：李岚芝　　仓管：李强　　经办人：郑华

第三联　财务联

业务（37-5）

江西永红服装有限公司产品出库单

提货部门：销售部　　发货部门：仓库部　　2018年11月17日　　No 01811002

产品名称	单位	应发数量	实收数量	单位成本	总成本	备注
男士棉毛套装	套	1 000	1 000			购货单位：
女士棉毛套装	套	1 050	1 050			九江爱华百货
合计						

销售经理：罗敏红　　会计：李岚芝　　仓管：李强　　经办人：郑华

第三联　财务联

业务（38）

江西永红服装有限公司借款利息计算表

2018 年 11 月 30 日　　　　　　　　　　　　　　　　单位：元

借款种类	本金	本月计息天数	日积数	日息率 ‰	本月应计利息
短期借款	100 000.00	26	2 600 000	4.35/360	314.17
合　计	100 000.00	26	2 600 000	4.35/360	314.17

审核人：李岚芝　　　　制表人：陈莉敏

业务（39）

江西永红服装有限公司附加税计提表

2018 年 11 月 30 日　　　　　　　　　　　　　　　　单位：元

税目	计税依据	计税金额	税率(%)	应纳税额
城市维护建设税	增值税		7	
教育费附加	增值税		3	
地方教育费附加	增值税		2	
合　　计				

审核人：李岚芝　　　　制表人：陈莉敏

业务（40）

江西永红服装有限公司当期损益计算表

2018 年 11 月 30 日　　　　　　　　　　　　　　　　　　单位：元

收入类科目	本月发生额	费用类科目	本月发生额
主营业务收入		主营业务成本	
其他业务收入		其他业务成本	
营业外收入		税金及附加	
投资收益		管理费用	
		销售费用	
		财务费用	
		资产减值损失	
		营业外支出	
合　　计		合　　计	
当期损益（利润为正，亏损为负）			

审核人：李岚芝　　　制表人：陈莉敏

八、2018年12月份经济业务资料

为锻炼参训者识别、判断、分析、审核原始凭证的能力，本实训教材将12月份的经济业务资料原始凭证按时间先后顺序排列，参训者运用会计理论知识和核算方法将原始凭证归类并正确编制记账凭证。

2018年12月份经济业务制单顺序（仅做参考）

业务1：上月采购布匹入库。

业务2：给员工发食用油、大米等福利。

业务3：付银行手续费。

业务4：支付11月工资。

业务5：支付11月社会保险费及住房公积金。

业务6：采购原材料。

业务7：支付货款。

业务8：支付并分配水电费。

业务9：销售产品。

业务10：收到货款。

业务11：材料盘点。

业务12：处理盘盈亏材料。

业务13：计提折旧。

业务14：计提当月人工成本。

业务15：领料计算发出材料加权平均单位成本。

业务16：分配制造费用。

业务17：产品入库结转完工产品成本。

业务18：结转已销产品成本。

业务19：计提当月利息。

业务20：计提城建税、教育费附加和地方教育费附加。

业务21：结转损益类科目。

业务22：计提本年所得税。

业务23：结转本年利润。

业务24：税后利润分配。

业务25：结转利润分配各明细账户。

原始凭证1

江西永红服装有限公司职工薪酬汇总表

2018年11月30日　　　　　　　　　　　　　　　　　　　　　　　　单位：元

部　门		应付工资	代扣款项				实发金额
			社会保险费（11%）	住房公积金（10%）	员工借支	小计	
生产车间	生产工人	18 000.00	1 980.00	1 800.00		3 780.00	14 220.00
	管理人员	3 500.00	385.00	350.00		735.00	2 765.00
管理部门		21 000.00	2 310.00	2 100.00		4 410.00	16 590.00
销售部门		3 500.00	385.00	350.00		735.00	2 765.00
合　计		46 000.00	5 060.00	4 600.00		9 660.00	36 340.00

审核人：李岚芝　　　　制表人：陈莉敏

原始凭证2

江西永红服装有限公司住房公积金及社会保险费计算表

2018年11月30日　　　　　　　　　　　　　　　　　　　　　　　金额单位：元

部门		应付工资	住房公积金		社会保险费		金额合计
			企业承担部分	个人承担部分	企业承担部分	个人承担部分	
			10%	10%	25.80%	11%	
生产车间	生产工人	18 000.00	1 800.00	1 800.00	4 644.00	1 980.00	10 224.00
	管理人员	3 500.00	350.00	350.00	903.00	385.00	1 988.00
管理部门		21 000.00	2 100.00	2 100.00	5 418.00	2 310.00	11 928.00
销售部门		3 500.00	350.00	350.00	903.00	385.00	1 988.00
合计		46 000.00	4 600.00	4 600.00	11 868.00	5 060.00	26 128.00

审核人：李岚芝　　　　制表人：陈莉敏

原始凭证3

江西永红服装有限公司收料单

2018年12月03日　　　　　　　　No 1812001

交来单位及部门	南昌洪燕布匹有限公司		验收仓库	一号仓库	入库日期	2018年12月03日	
编号	存货名称及规格	单位	数量		实际价格		
			应收	实收	单价	金额	
001	花色莱卡棉	米	210	210	40.00	8 400.00	
	备注：上月购料，本月入库						
	合　计						

会计：李岚芝　　仓库主管：李强　　经办人：李庆　　制单人：王小英

第三联　财务联

原始凭证4

江西永红服装有限公司销售单

购货单位：九江爱华百货有限公司
纳税人识别号：913604035678654566E
地址和电话：九江市滨湖路56号　0792-8776789　　　单据编号：1812001
开户行及账号：建行九江湖滨支行　6213567789877876567　制单日期：2018年12月05日

编号	产品名称及规格	单位	数量	单价	金额	备注
001	男士棉毛套装	套	100	154.50	15 450.00	
002	女士棉毛套装	套	200	149.35	29 870.00	
合计	人民币（大写）肆万伍仟叁佰贰拾元整				￥45 320.00	

会计：李岚芝　　销售部门负责人：罗敏红　　发货人：李强　　经办人：郑华

第三联　财务联

原始凭证5

原始凭证6

原始凭证7

江西永红服装有限公司产品出库单

提货部门：<u>销售部</u>　发货部门：<u>仓库部</u>　2018年12月05日　　No 1812001

产品名称	单位	应发数量	实收数量	单位成本	总成本	备注
男士棉毛套装	套	100	100			
女士棉毛套装	套	200	200			
合　计						

销售经理：<u>罗敏红</u>　　　会计：<u>李岚芝</u>　　　仓管：<u>李强</u>　　　经办人：<u>郑华</u>

第三联　财务联

原始凭证8

费用报销单

报销部门：<u>行政部</u>　　　2018年12月07日　　　单据及附件共 1 张

用　途	金额（元）	备注	领导审批
购买米、油 发放福利	￥2 544.00		同意支付 郑华 2018年12月07日
合　计	￥2 544.00		

金额大写：<u>贰仟伍佰肆拾肆元整</u>　　　原借款：　　元　应退余款：　　元

总经理：<u>罗国伟</u>　会计：<u>李岚芝</u>　出纳：<u>陈莉敏</u>　报销人：<u>李丽</u>　领款人：

原始凭证9

原始凭证10

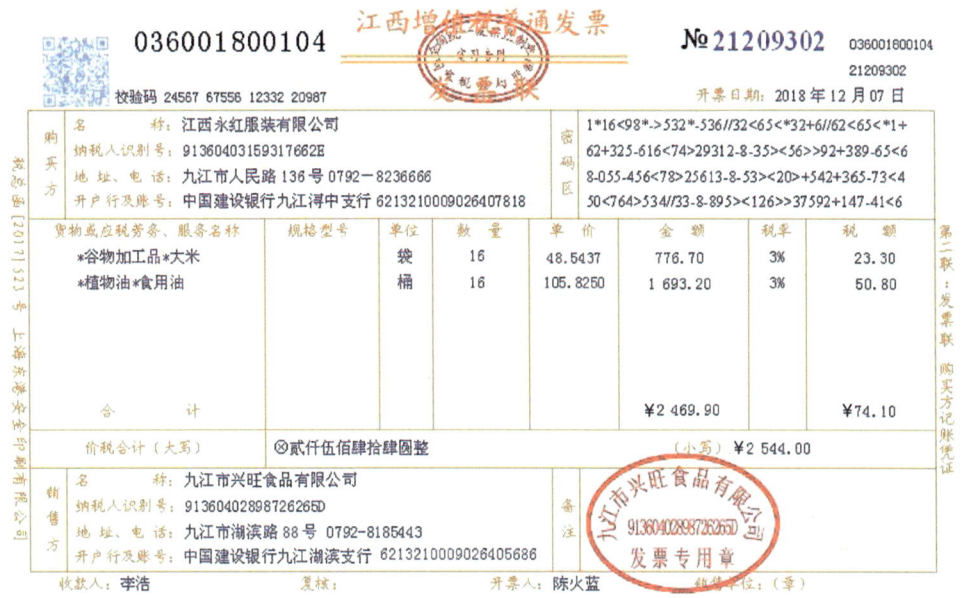

原始凭证 11

中国建设银行单位客户专用回单

中国建设银行 China Construction Bank

币别：人民币		2018 年 12 月 12 日		流水号：360602145008000002	
付款人	全称	江西永红服装有限公司	收款人	全称	南昌洪燕布匹有限公司
	账号	6213210009026407818		账号	6387654343231235536
	开户行	中国建设银行九江浔中支行		开户行	建行南昌东湖支行
金额		（大写）人民币捌佰肆拾元整		（小写）¥840.00	
凭证种类		电子转账凭证	凭证号码	000206821293	
结算方式		转账	用途	上月材料余款	
			打印柜员：360660450001 打印机构：九江浔中支行 打印卡号：3606600001001099		

（借方回单）

打印时间：2018-12-12 10：12：30　　交易柜员：360001450D36　　交易机构：360001450

原始凭证 12

江西永红服装有限公司收料单

2018 年 12 月 12 日　　　　　No 1812002

交来单位及部门	南昌洪燕布匹有限公司		验收仓库	一号仓库	入库日期	2018 年 12 月 12 日
编号	存货名称及规格	单位	数量		实际价格	
			应收	实收	单价	金额
001	纯色莱卡棉	米	2 600	2 600	40.29	104 754.00
002	花色莱卡棉	米	2 200	2 200	41.30	90 860.00
005	领口	包	60	60	25.00	1 500.00
006	袖口	包	60	60	25.00	1 500.00
007	脚口	包	60	60	40.00	2 400.00
合计						

第三联 财务联

会计：李岚芝　　仓库主管：李强　　经办人：李庆　　制单人：王小英

原始凭证13

中国建设银行单位客户专用回单

转账日期： 2018年12月12日　　　　　　　　凭证字号：360602145008000004

纳税人全称及纳税人识别号：江西永红服装有限公司
91360403159317662E
付款人全称：江西永红服装有限公司　　　　　　咨询（投诉）电话：12366
付款人账号：6213210009026407818　　征收机构关名称（委托方）：九江市浔阳区地方税务局
付款人开户银行：中国建设银行九江浔中支行　收款国库（银行）名称：国家金库九江市浔阳区支库（代理）
小写（合计）金额：¥16 928.00
缴款书交易流水号：23461081121
大写（合计）金额：人民币壹万陆仟玖佰贰拾捌元　　　　税票号码：136041772265

税（费）种名称	所属时间	实缴金额
社会保险费	20181101-20181131	16 928.00

打印时间：2018-12-12 11：08：12　　　交易柜员：360001450D36　　　交易机构：360001450

原始凭证14

住房公积金汇（补）缴书

2018年12月12日　　　附：缴存变更清册　1页

缴款单位	单位名称	江西永红服装有限公司	收款单位	单位名称	九江市住房公积金管理中心
	单位账号	6213210009026407818		公积金账户	1507210009016411118
	开户银行	中国建设银行九江浔中支行		开户银行	中国工商银行九江浔中支行
缴款类型	☑汇缴　□补缴		补缴原因		
缴款方式	□现金　☑转账				
缴款人数	16人	公积金所属时间	2018年11月至2018年11月	月数	1

金额	人民币 玖仟贰佰元整（大写）	百	万	千	百	十	元	角	分
		¥	9	2	0	0	0	0	

上次汇缴		本次增加汇缴		本次减少汇缴		本次汇（补）缴	
人数	金额	人数	金额	人数	金额	人数	金额

上述款项已划转至市住房公积金管理中心住房公积金存款账户内。（银行盖章）

复核：　　　　经办：　　　　2018年12月12日

原始凭证15

中国建设银行九江浔中支行批量代付成功清单

机构名称：九江浔中支行　　　　　　　　　　入账时间：2018年12月12日

账号	姓名	金额
6013826501001376566	张丽	2 765.00
6013826501001376567	李红	2 520.00
6013826501001376568	王蓓	2 532.00
6013826501001376569	陈东	2 975.00
6013826501001376570	郑华	2 975.00
……	……	……
合计		36 340.00

原始凭证16

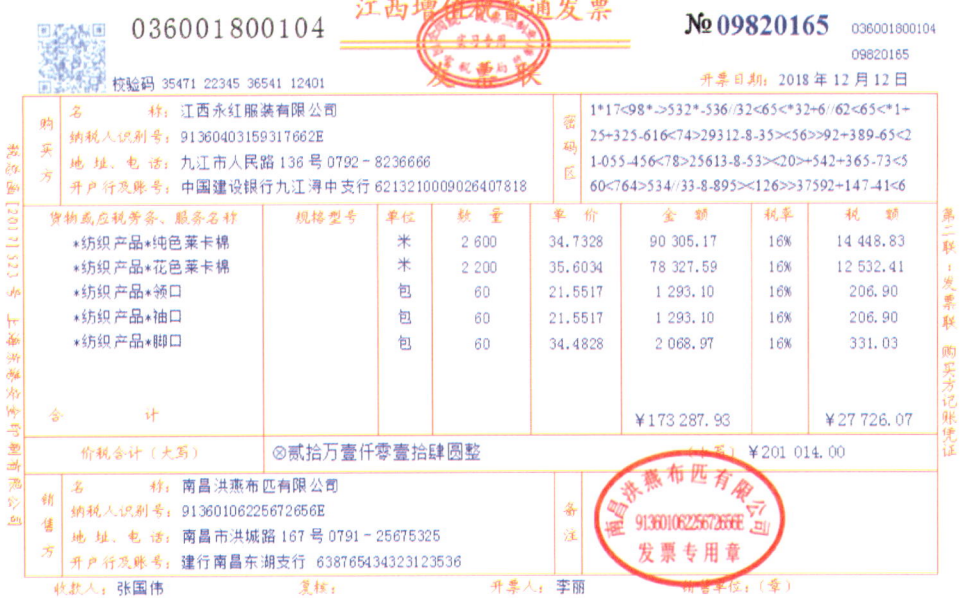

原始凭证17

中国建设银行单位客户专用回单

币别：人民币　　　2018年12月12日　　　流水号：3606021450080000003

付款人	全称	江西永红服装有限公司	收款人	全称	企业网上银行代发代扣业务款项过渡户
	账号	6213210009026407818		账号	10136000145022951000300001
	开户行	中国建设银行九江浔中支行		开户行	中国建设银行江西省分行营运管理部核算中心
金额		(大写)人民币叁万陆仟叁佰肆拾元整		(小写)￥36 340.00	
凭证种类			凭证号码	000206824806	
结算方式		转账	用途	工资	

打印柜员：360660450001
打印机构：九江浔中支行
打印卡号：3606600001001099

打印时间：2018-12-12　15：06：40　　交易柜员：360001450D36　　交易机构：360001450

原始凭证18

中国建设银行单位客户专用回单

币别：人民币　　　2018年12月15日　　　流水号：3606021450080000006

付款人	全称	江西永红服装有限公司	收款人	全称	南昌洪城大世界布匹有限公司
	账号	6213210009026407818		账号	621675435265567657
	开户行	中国建设银行九江浔中支行		开户行	中国工行南昌洪城支行
金额		(大写)人民币贰万零叁佰贰拾伍元整		(小写)￥20 325.00	
凭证种类		电子转账凭证	凭证号码	000206824821	
结算方式		转账	用途	材料款	

打印柜员：360660450001
打印机构：九江浔中支行
打印卡号：3606600001001099

打印时间：2018-12-16　15：12：30　　交易柜员：360001450D36　　交易机构：360001450

原始凭证19

江西永红服装有限公司收料单

2018年12月15日　　　　No 1812003

交来单位及部门	南昌洪城大世界		验收仓库	一号仓库	入库日期	2018年12月15日
编号	存货名称及规格	单位	数量		实际价格	
			应收	实收	单价	金额
003	松紧带	卷	255	255	75.00	19 125.00
004	线	塔	200	200	5.00	1 000.00
008	男棉毛套装袋	包	20	20	5.00	100.00
009	女棉毛套装袋	包	20	20	5.00	100.00
	合　计					

会计：李岚芝　　仓库主管：李强　　经办人：李庆　　制单人：王小英

第二联　财务联

原始凭证20

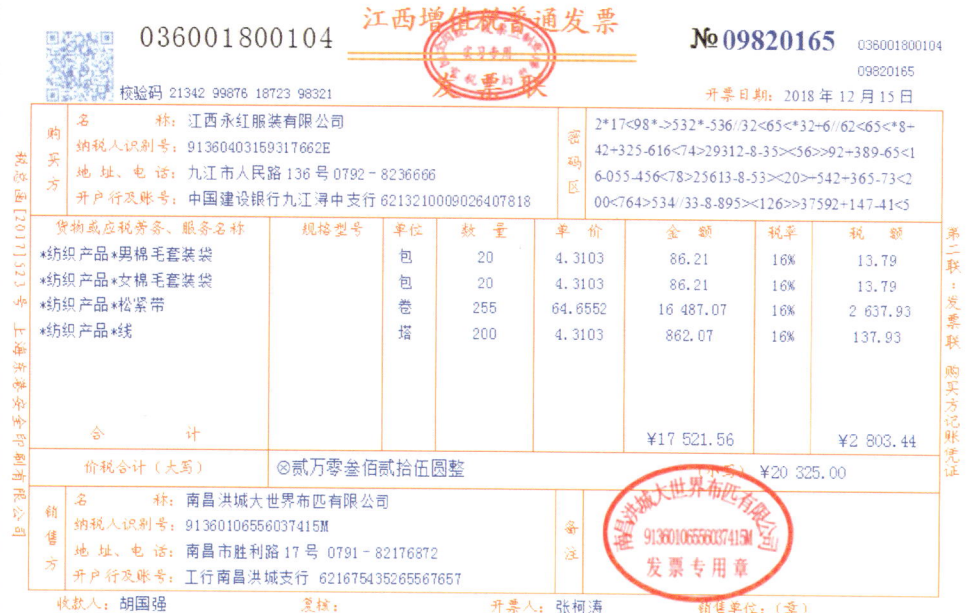

原始凭证21

江西永红服装有限公司收料单

2018年12月17日　　　　　　　No 1812004

交来单位及部门		九江华实布料有限公司		验收仓库	一号仓库	入库日期		2018年12月17日
编号	存货名称及规格		单位	数量		实际价格		
				应收	实收	单价		金额
001	纯色莱卡棉		米	500	500	40.51		20 255.00
002	花色莱卡棉		米	650	650	41.50		26 975.00
合　计								

会计：李岚芝　　仓库主管：李强　　经办人：李庆　　制单人：王小英

第二联　财务联

原始凭证22

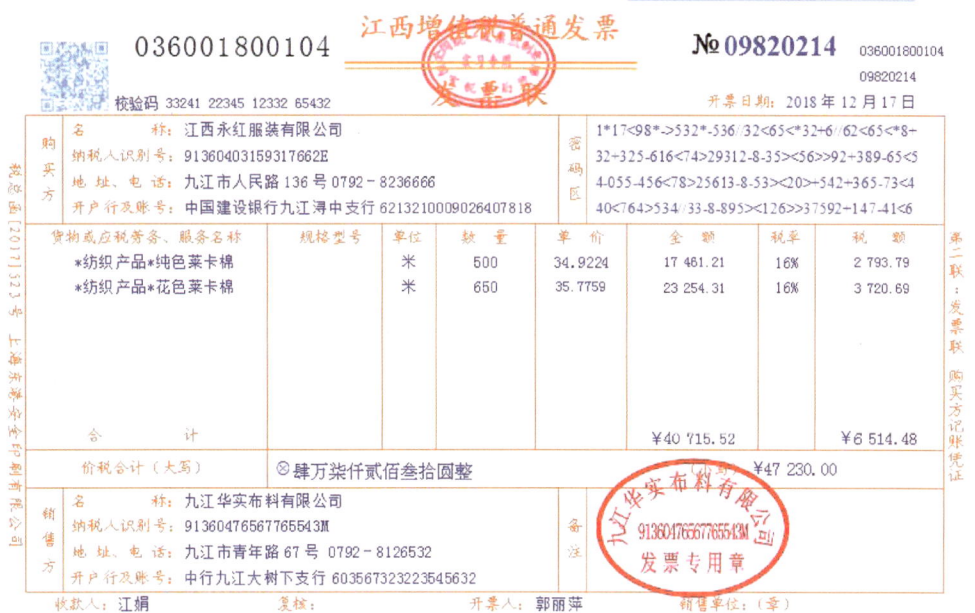

原始凭证 23

江西永红服装有限公司领料单

2018 年 12 月 18 日　　　　　　　　　　No 1812001

领料部门	生产车间		领料用途	生产女士棉毛套装		领料日期	2018 年 12 月 18 日	
编号	存货名称及规格		单位	数量		实际价格		
				请领	实发	单价	金额	
002	花色莱卡棉		米	2 730	2 730			
005	领口		包	26	26			
006	袖口		包	26	26			
007	脚口		包	26	26			
	合　计							

会计：李岚芝　　领料部门负责人：陈东　　发料人：李强　　领料人：张丽

第三联　财务联

原始凭证 24

江西永红服装有限公司领料单

2018 年 12 月 18 日　　　　　　　　　　No 1812002

领料部门	生产车间		领料用途	生产男士棉毛套装		领料日期	2018 年 12 月 18 日	
编号	存货名称及规格		单位	数量		实际价格		
				请领	实发	单价	金额	
001	纯色莱卡棉		米	2 880	2 880			
005	领口		包	24	24			
006	袖口		包	24	24			
007	脚口		包	24	24			
	合　计							

会计：李岚芝　　领料部门负责人：陈东　　发料人：李强　　领料人：张丽

第三联　财务联

原始凭证 25

江西永红服装有限公司领料单

2018年12月18日　　　　　№ 1812003

领料部门	生产车间	领料用途	车间一般性耗用	领料日期	2018年12月18日	
编号	存货名称及规格	单位	数量		实际价格	
			请领	实发	单价	金额
003	松紧带	卷	25	25		
004	线	塔	120	120		
合　计						

会计：李岚芝　　领料部门负责人：陈东　　发料人：李强　　领料人：张丽

第三联　财务联

原始凭证 26

江西永红服装有限公司领料单

2018年12月18日　　　　　№ 1812004

领料部门	生产车间	领料用途	生产男士棉毛套装	领料日期	2018年12月18日	
编号	存货名称及规格	单位	数量		实际价格	
			请领	实发	单价	金额
001	男棉毛套装袋	包	12	12	5.00	60.00
合　计						

会计：李岚芝　　领料部门负责人：陈东　　发料人：李强　　领料人：张丽

第三联　财务联

原始凭证 27

江西永红服装有限公司领料单

2018年12月18日　　　　　　　№1812005

领料部门	生产车间		领料用途	生产女士棉毛套装		领料日期	2018年12月18日
编号	存货名称及规格	单位	数量		实际价格		
			请领	实发	单价	金额	
002	女棉毛套装袋	包	13	13	5.00	65.00	
合　计							

会计：李岚芝　　领料部门负责人：陈东　　发料人：李强　　领料人：张丽

第三联　财务联

原始凭证 28

江西永红服装有限公司产品入库单

验收部门：仓库部　　　　2018年12月20日　　　　№1812001

产品名称	单位	交库数量	实收数量	单位成本	总成本	备注
女士棉毛套装	套	1 300	1 300			
合　计						

交货人：陈东　　会计：李岚芝　　仓管：李强　　签收人：李强

第三联　财务联

原始凭证 29

江西永红服装有限公司产品入库单

验收部门：仓库部　　　　　　2018年12月20日　　　　　No 1812002

产品名称	单位	交库数量	实收数量	单位成本	总成本	备注
男士棉毛套装	套	1 200	1 200			
合　计						

交货人：陈东　　　会计：李岚芝　　　仓管：李强　　　签收人：李强

第三联　财务联

原始凭证 30

江西永红服装有限公司产品出库单

提货部门：销售部　　发货部门：仓库部　　2018年12月20日　　No 1812002

产品名称	单位	应发数量	实收数量	单位成本	总成本	备注
男士棉毛套装	套	1 160	1 160			
女士棉毛套装	套	1 100	1 100			
合　计						

销售经理：罗敏红　　会计：李岚芝　　仓管：李强　　经办人：郑华

第三联　财务联

原始凭证31

中国建设银行单位客户专用回单

中国建设银行 China Construction Bank

币别：人民币　　　　2018 年 12 月 21 日　　　　流水号：360602145008000007

户名：　江西永红服装有限公司　　　　账号：6213210009026407818

项目名称	工本费/手续费/电子汇划费	金额
对公人民币转账、汇款-对公资金划转本行同城	￥70.00	￥70.00
合计金额　（大写）人民币柒拾元整		￥70.00

付款方式：转账
业务类型：企业网银结算费

打印柜员：360660450001
打印机构：九江浔中支行
打印卡号：3606600001001099

（中国建设银行 电子回单专用章）

打印时间：2018-12-21　11：07：49　　交易柜员：360001450D36　　交易机构：360001450

原始凭证32

江西永红服装有限公司外购水、电费分配表

2018 年 12 月 25 日　　　　　　　　　　　　　　　　单位：元

受益部门及用途		供　电			供　水			金额合计
		数量	单价	金额	数量	单价	金额	
生产车间	男式棉毛套装	820		760.96	45		205.92	966.88
	女式棉毛套装	920		853.76	60		274.56	1 128.32
	车间一般性耗用	200		185.60	50		228.80	414.40
管理部门		150		139.20	15		68.64	207.84
合　计		2 090	0.928	1 939.52	170	4.576	777.92	2 717.44

审核人：李岚芝　　　制表人：陈莉敏

原始凭证33

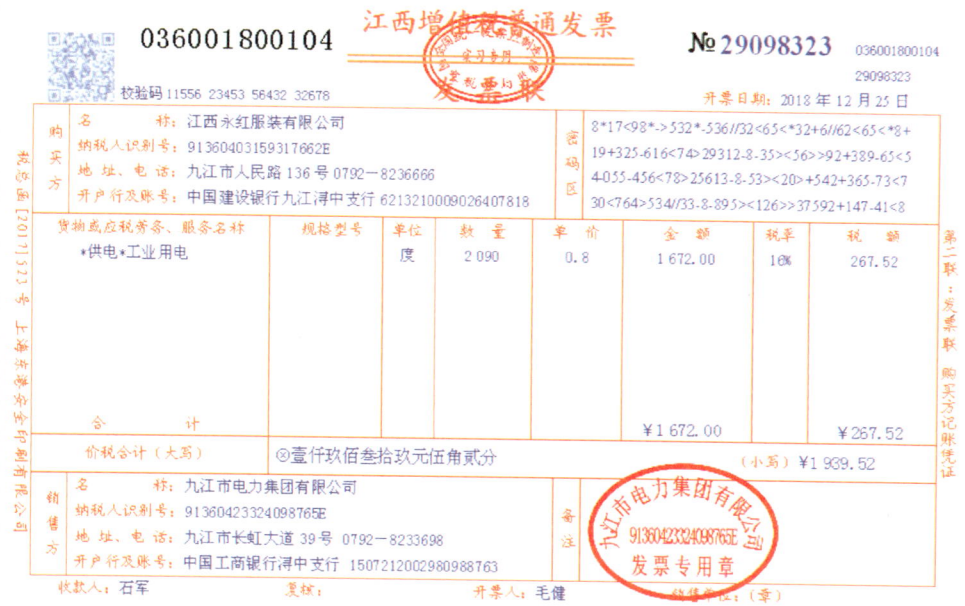

原始凭证34

中国建设银行单位客户专用回单

币别：人民币　　　2018年12月25日　　　流水号：360602145008000008

付款人	全称	江西永红服装有限公司	收款人	全称	九江市水务集团有限公司
	账号	6213210009026407818		账号	1507210009026407001
	开户行	中国建设银行九江浔中支行		开户行	中国工商银行浔中支行
金额		(大写) 人民币柒佰柒拾柒元玖角贰分		(小写)	¥777.92
凭证种类		电子转账凭证	凭证号码		000206824355
结算方式		转账	用途		水费

打印柜员：360660450001
打印机构：九江浔中支行
打印卡号：3606600001001099

打印时间：2018-12-25 15：13：30　　交易柜员：360001450D36　　交易机构：360001450

原始凭证35

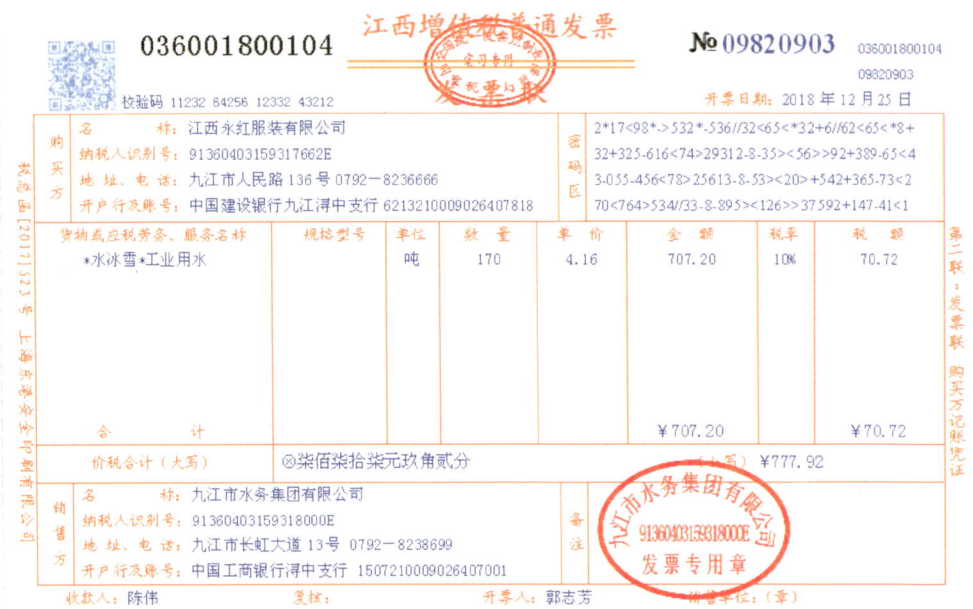

原始凭证36

中国建设银行单位客户专用回单

币别：人民币		2018 年 12 月 25 日		流水号：360602145008000009	
付款人	全称	江西永红服装有限公司	收款人	全称	九江市电力集团有限公司
	账号	6213210009026407818		账号	1507212002980988763
	开户行	中国建设银行九江浔中支行		开户行	中国工商银行浔中支行
金额		（大写）人民币壹仟玖佰叁拾玖元伍角贰分		（小写）￥1 939.52	
凭证种类		电子转账凭证	凭证号码	000206824656	
结算方式		转账	用途	电费	
			打印柜员：360660450001 打印机构：九江浔中支行 打印卡号：3606600001001099		

打印时间：2018-12-25 15：14：30   交易柜员：360001450D36   交易机构：360001450

原始凭证37

江西永红服装公司材料盘点结果报告表

2018年12月25日　　　　　　　　　　　　　　　　　单位：元

材料名称	单位	单价	盘盈		盘亏		盈亏原因
			数量	金额	数量	金额	
领口	包	25.00	3	75.00			待查
脚口	包	40.00			2	80.00	
审批意见：先作待处理							

审核人：李岚芝　　　　制表人：陈莉敏

原始凭证38

 **中国建设银行单位客户专用回单**

转账日期：2018年12月26日　　　　　　　　凭证字号：360602145008000011

纳税人全称及纳税人识别号：江西永红服装有限公司
　　　　　　　　　　　91360403159317662E
付款人全称：江西永红服装有限公司　　　　咨询（投诉）电话：12366
付款人账号：6213210009026407818　　　　征收机构关名称（委托方）：国家税务局九江税务局
付款人开户银行：中国建设银行九江浔中支行　收款国库（银行）名称：国家金库九江市支库
小写（合计）金额：￥10 005.00　　　　　缴款书交易流水号：2018122648749993
大写（合计）金额：人民币壹万零伍元整　　税票号码：3201812260000273347
税（费）种名称　　所属时期　　实缴金额
增值税　　　　　　20181226　　10 005.00

打印时间：2018-12-26 11：08：12　　交易柜员：360001450D36　　交易机构：360001450

原始凭证39

中国建设银行单位客户专用回单

币别：人民币　　　　　　2018年12月26日　　　　流水号：360602145008000010

付款人	全称	沃尔玛(江西)百货有限公司九江庐山南路分店	收款人	全称	江西永红服装有限公司
	账号	603567323267546786		账号	6213210009026407818
	开户行	中国银行九江名湖支行		开户行	中国建设银行九江浔中支行
金额		(大写) 人民币叁拾肆万叁仟伍佰零伍元整			(小写) ￥343 505.00
凭证种类		电子转账凭证	凭证号码		000206824298
结算方式		转账	用途		货款

打印柜员：360660450001
打印机构：九江浔中支行
打印卡号：3606600001001099

（货方回单）

打印时间：2018-12-26　11：07：40　　交易柜员：360001450D36　　交易机构：360001450

原始凭证40

江西永红服装有限公司销售单

购货单位：沃尔玛（江西）百货有限公司九江庐山南路分店
纳税人识别号：913604006834588810M
地址和电话：九江市庐山南路名湖广场、0792-8188960　　单据编号：1812002
开户行及账号：中国银行九江名湖支行 603567323267546786　　制单日期：2018年12月26日

编号	产品名称及规格	单位	数量	单价	金额	备注
001	男士棉毛套装	套	1160	154.50	179 220.00	
002	女士棉毛套装	套	1100	149.35	164 285.00	
合计	人民币（大写）叁拾肆万叁仟伍佰零伍元整				￥343 505.00	

会计：李岚芝　　销售部门负责人：罗敏红　　发货人：李强　　经办人：郑华

第三联 财务联

原始凭证41

原始凭证42

江西永红服装有限公司职工薪酬汇总表
2018年12月30日　　　　　　　　　　　　　　　　单位：元

部　门		应付工资	社会保险费 (25.80%)	住房公积金 (10%)	职工福利费 (14%)	职工教育经费 (2.50%)	合　计
生产车间	生产工人	20 000.00	5 160.00	2 000.00	2 800.00	500.00	30 460.00
	管理人员	3 500.00	903.00	350.00	490.00	87.50	5 330.50
管理部门		21 000.00	5 418.00	2 100.00	2 940.00	525.00	31 983.00
销售部门		3 500.00	903.00	350.00	490.00	87.50	5 330.50
合　计		48 000.00	12 384.00	4 800.00	6 720.00	1 200.00	73 104.00

审核人：李岚芝　　　　制表人：陈莉敏

原始凭证43

江西永红服装有限公司直接人工分配表

2018年12月30日　　　　　　　　　　　　　　　　　　　　　单位：元

受益对象		分配标准（工时）	分配率	分配金额
生产车间工人	男式棉毛套装	1 200		
	女式棉毛套装	1 300		
合　计		2 500		

　　　　　　　　　　　　　　　　　　审核人：李岚芝　　　　制表人：陈莉敏

原始凭证44

江西永红服装有限公司发出材料加权平均单位成本计算表
2018年12月31日

单位：元

材料名称	期初结存		本月购入		合计		加权平均单位成本
	数量	金额	数量	金额	数量	金额	
	①	②	③	④	⑤=①+③	⑥=②+④	⑦=⑥/⑤
纯色莱卡棉							
花色莱卡棉							
领口							
袖口							
脚口							
松紧带							
线							
男棉毛套装袋							
女棉毛套装袋							
备注	发出材料单位成本按月一次加权平均计算						

审核人：李岚芝　　　　制表人：陈莉敏

江西永红服装有限公司发料汇总及分配表

2018年12月31日

单位：元

材料及用途		生产产品耗用					车间一般耗用		金额合计
		男式棉毛套装		女式棉毛套装					
品名	单位	加权平均单价	数量	金额	数量	金额	数量	金额	
纯色莱卡棉	米								
花色莱卡棉	米								
领口	包								
袖口	包								
脚口	包								
松紧带	卷								
线	塔								
男棉毛套装袋	包								
女棉毛套装袋	包								
合　计									

审核人：李岚芝　　制表人：陈莉敏

原始凭证46

江西永红服装有限公司固定资产折旧计算表

2018年12月31日　　　　　　　　　　　单位：元

使用单位和固定资产类别		月初原值	固定资产月折旧率%	本月应提折旧额
生产车间	厂房	100 000.00		
	机器设备	44 000.00		
	小计	144 000.00		
管理部门	房屋	80 000.00		
	运输设备	60 000.00		
	小计	140 000.00		
合计		284 000.00		

审核人：李岚芝　　　　　　制表人：陈莉敏

原始凭证47

江西永红服装有限公司制造费用分配表

2018年12月31日　　　　　　　　　　　单位：元

产品名称	分配标准（工时）	分配率	分配金额
男式棉毛套装	1 200		
女式棉毛套装	1 300		
合计	2 500		

审核人：李岚芝　　　　　　制表人：陈莉敏

原始凭证48

江西永红服装公司
关于对2018年度材料仓库盘点结果的处理报告

厂部：

年终财产清查工作已经结束，材料仓库盘盈盘亏的原因也已查清，根据相关法规和会计准则，拟作如下处理：

1. 盘亏2包脚口属于李红个人责任所致，由其个人赔偿；

2. 盘盈3包领口属于退库漏登帐所致，冲销管理费用；

特此报告，请批复。

同意
罗国伟
2018年12月30日

江西永红服装有限公司
2018年12月30日

原始凭证49

江西永红服装有限公司库存商品加权平均单价计算表
2018年12月30日　　　　　　　　　　　　　　　　单位：元

产品名称	期初结存		本月完工		合计		加权平均单位成本
	数量（套）	金额（元）	数量（套）	金额（元）	数量（套）	金额（元）	
	①	②	③	④	⑤=①+③	⑥=②+④	⑦=⑥/⑤
男式棉毛套装							
女式棉毛套装							
备注	库存商品单位成本按月一次加权平均计算						

审核人：李岚芝　　制表人：陈莉敏

原始凭证 50

江西永红服装有限公司完工产品成本计算表
2018 年 12 月 30 日　　　　　　　　　　　　　　　　　　　单位：元

产品名称	完工产品产量	直接材料	直接人工	动力费用	制造费用	完工产品总成本	单位成本
男式棉毛套装							
女式棉毛套装							
合　计							

审核人：李岚芝　　　制表人：陈莉敏

原始凭证 51

江西永红服装有限公司已销产品成本计算表
2018 年 12 月 30 日　　　　　　　　　　　　　　　　　　　单位：元

产品名称	销售数量	单位	单位成本	出库总成本	备注
男式棉毛套装					产品单位成本按全月一次加权平均计算
女式棉毛套装					
合计					

审核人：李岚芝　　　制表人：陈莉敏

原始凭证 52

江西永红服装有限公司附加税计提表
2018 年 12 月 31 日　　　　　　　　　　　　　　　　　　　单位：元

税目	计税依据	计税金额	税率（%）	应纳税额
城市维护建设税	增值税		7	
教育费附加	增值税		3	
地方教育费附加	增值税		2	
合　　计				

审核人：李岚芝　　　制表人：陈莉敏

原始凭证 53

江西永红服装有限公司借款利息计算表

2018年12月31日　　　　　　　　　　　　　　　　　金额单位：元

借款种类	本金	利率（%）	本月应计利息
短期借款	100 000.00	4.35/12	362.50
合计			362.50

审核：　　　　　　　　　　　　　　　　　　　　制单：

原始凭证 54

江西永红服装有限公司当期损益计算表

2018年12月31日　　　　　　　　　　　　　　单位：元

收入类科目	本月发生额	费用类科目	本月发生额
主营业务收入		主营业务成本	
其他业务收入		其他业务成本	
营业外收入		税金及附加	
投资收益		管理费用	
		销售费用	
		财务费用	
		资产减值损失	
		营业外支出	
合　计		合　计	
当期损益（利润为正，亏损为负）			

审核人：李岚芝　　　制表人：陈莉敏

原始凭证 55

江西永红服装有限公司所得税计提表
2018年12月31日　　　　　　　　　　　　　　　　单位：元

项目	应纳税所得额 ①	企业所得税税率 ②	应交企业所得税 ③=①*50%*②
本月数			
1-11月数			
本年累计数			

审核人：李岚芝　　　制表人：陈莉敏

原始凭证 56

江西永红服装有限公司本年利润结转计算表
2018年12月31日　　　　　　　　　　　　　　　　单位：元

项目	行次	金额
本年实现利润总额	①	
减：企业所得税	②	
本年实现税后利润	③=①-②	

审核人：李岚芝　　　制表人：陈莉敏

原始凭证 57

江西永红服装有限公司税后利润分配表
2018年12月31日　　　　　　　　　　　　　　　　单位：元

项目		计提基数	计提比率	计提金额
提取法定盈余公积				
提取任意公积金				
投资者分红	罗国伟			
	罗敏红			
合　　计				

审核人：李岚芝　　　制表人：陈莉敏

原始凭证58

江西永红服装有限公司利润分配明细科目结转表

2018年12月31日　　　　　　　　　　　　　　　　　　单位：元

利润分配明细科目	行次	金额
提取法定盈余公积	①	
提取任意公积金	②	
应付利润	③	
合计		

审核人：李岚芝　　　制表人：陈莉敏